走出思想的边界

knowledge-power
读行者

著作财产权人：©东大图书股份有限公司

本著作中文简体字版由东大图书股份有限公司许可中南博集天卷文化传媒有限公司在中国大陆地区发行、散布与贩售。

未经著作财产权人书面许可，禁止对本著作之任何部分以电子、数位、影印、录音或任何其他方式复制、转载或散播。

钱穆 作品

民族与文化

目 录

钱穆作品精粹序 /001
增订版序 /001
自序 /001

讲义 /001

  上篇　中华民族之成长与发展 /003
   第一章　中华民族之本质 /003
   第二章　中国社会之结构 /010
   第三章　中华民族发展之经过及其前途 /016

  下篇　中国历史演进与文化传统 /024
   第四章　中国历史演进大势 /024
   第五章　中国文化本质及其特征 /032
   第六章　中国的哲学道德与政治思想 /037

讲演辞 /047

  第一篇　绪论 /049
  第二篇　中华民族之成长与发展 /058
   第一章　中华民族之本质 /058
   第二章　中国社会之形成 /071

第三篇　中国历史演进与文化传统 /097
　　第一章　历史的领导精神 /097
　　第二章　中国历史演进大势 /110
　　第三章　中国文化本质及其特征 /133
　　第四章　中国传统文化中之人文修养 /148
第四篇　结言 /166

钱穆作品精粹序

　　钱穆先生身处中国近代的动荡时局,于西风东渐之际,毅然承担起宣扬中华文化的重任,冀望唤醒民族之灵魂。他以史为轴,广涉群经子学,开辟以史入经的崭新思路,其学术成就直接反映了中国近代学术史之变迁,展现出中华传统文化的辉煌与不朽,并撑起了中华学术与思想文化的一方天地,成就斐然。

　　三民书局与先生以书结缘,不遗余力地保存先生珍贵的学术思想,希冀能为传扬先生著作,以及承续传统文化略尽绵薄。

　　自一九六九年十一月迄于一九九一年十二月,二十多年间,三民书局总共出版了钱穆先生长达六十余年(一九二三至一九八九)之经典著作——三十九种四十册。兹序列书目及本局初版日期如下:

　　中国文化丛谈　　　　　　　(一九六九年十一月)
　　中国史学名著　　　　　　　(一九七三年二月)

001

民族与文化

文化与教育	（一九七六年二月）
中国学术思想史论丛（一）	（一九七六年六月）
国史新论	（一九七六年八月）
中国历代政治得失	（一九七六年八月）
中国历史精神	（一九七六年十二月）
中国学术思想史论丛（二）	（一九七七年二月）
世界局势与中国文化	（一九七七年五月）
中国学术思想史论丛（三）	（一九七七年七月）
中国学术思想史论丛（四）	（一九七八年一月）
黄帝	（一九七八年四月）
两汉经学今古文平议	（一九七八年七月）
中国学术思想史论丛（五）	（一九七八年七月）
中国学术思想史论丛（六）	（一九七八年十一月）
中国学术思想史论丛（七）	（一九七九年七月）
历史与文化论丛	（一九七九年八月）
中国学术思想史论丛（八）	（一九八〇年三月）
湖上闲思录	（一九八〇年九月）
人生十论	（一九八二年七月）
古史地理论丛	（一九八二年七月）
八十忆双亲·师友杂忆（合刊）	（一九八三年一月）
宋代理学三书随札	（一九八三年十月）
中国文学论丛	（一九八三年十月）
现代中国学术论衡	（一九八四年十二月）
秦汉史	（一九八五年一月）
中华文化十二讲	（一九八五年十一月）
庄子纂笺	（一九八五年十一月）

朱子学提纲	（一九八六年一月）
先秦诸子系年	（一九八六年二月）
孔子传	（一九八七年七月）
晚学盲言（上）（下）	（一九八七年八月）
中国历史研究法	（一九八八年一月）
论语新解	（一九八八年四月）
中国史学发微	（一九八九年三月）
新亚遗铎	（一九八九年九月）
民族与文化	（一九八九年十二月）
中国思想通俗讲话	（一九九〇年一月）
庄老通辨	（一九九一年十二月）

二〇二二年，三民书局将先生上述作品全数改版完成，搭配极具整体感、质朴素雅、简洁大方的书封设计，期能以全新面貌，带领读者认识国学大家的学术风范、思想精髓。

谨以此篇略记出版钱穆先生作品缘由与梗概，是为序。

三民书局
东大图书
谨识

增订版序

余尝言，"人生"与"民族"与"文化"实三而一，一而三。现象虽可三分，但属同一本体。中国人谓："一阴一阳之谓道。"阴面不可指、不可见，即其"体"；阳面乃可指可见，斯其"用"。故言"阴阳"，犹言"体用"。先秦道家则谓之"有无"。凡属用处可见处，即道家之所谓"有"。凡属其体不可见处，则道家谓之"无"。其实无处即指其"同"处，而有处则乃其"异"处。故曰："同谓之玄，玄之又玄，众妙之门。""妙"乃"有"之始，即其异处。其本则出于"同"，亦即出于无。故曰："玄之又玄，众妙之门。"

子贡言："夫子之文章，可得而闻也。夫子之言性与天道，不可得而闻也。""文章"即其异处可见处，故可得而闻。"性与天道"则在同处，即无处，不可见处，故为孔子日常所少言。

如是以言"体用"。先秦道家喜言体，每轻视其用；儒家则好言用，每少言体。如言"性"，即近于体；故孔子少言之，只曰："性相近，习相远。""习"易见易言，即可谓性体之用。孔子曰："十室之邑，必有忠信如丘者焉，不如丘之好学也。""忠信"即言体；"学"与"习"则性之用。《论语》二十篇，开首第一语即曰："学而时习之。"此"学习"二字，乃用非体，可见又可指。颜子曰："夫子步亦步，夫子趋亦趋。如有所立卓尔，虽欲从之，末由也已。""亦步亦趋"，即其学与习，亦即用。"如有所立卓尔"，立者其体，道家所谓"玄之又玄"之同处，实即无处，故曰："道可道，非常道。名可名，非常名。"孟子称孔子谓"圣之时"，但不言圣之常。因"时"有异可见，"常"则大同无可见，此异乃道家所爱言，而孔子则多避去而少言。

《易传》后起，乃和会儒、道两家以为言。故其言"太极"实即"无极"。"极"乃言其同一极端，亦犹言"无"。故后人又言："无极而太极。"言太极即犹言"大同"，亦犹言"无极"。此即所谓"玄之又玄，众妙之门"也。

颜子曰："夫子博我以文，约我以礼。""文"即文章，即人生用处；"礼"则其体。"博"处即其异处，而"约"处则其同处。人生同处在"礼"，斯则可视而见，指而知，犹今之言具体。孟子始言"性"，性实一抽象，非具体。后儒如南宋朱子，乃谓"孟子粗，颜子细"，即指此等处言。然则孟子言"性善"，已近道家落虚处。荀子乃继之言"性恶"。然后儒乃谓"孟子醇乎醇，荀子大醇而小疵"。其小疵，即指其言性恶。荀子著书最首第一篇为《劝学》，此则其大醇处。《论语》二十篇，开首即曰："学而时习之。"又孔子曰："十室之邑，必有忠信如丘者焉，不如丘之好学也。"则此一"学"字，乃孔门教人醇处。孔子自称："若圣与仁，则吾岂敢。吾学不厌而教不倦。"故荀子即在其大醇处劝学。孟子虽好言"性"，但亦不忘言"学"，故曰："乃吾所愿，则学孔子。"而后起宋明儒如陆、王，则好言性而忽于言学，流于不慎，斯失孔门之真传矣。

今再言"体用"。此二字连言，乃始见于东汉时魏伯阳之《参同契》。亦可谓以前儒、道两家少言"体"，仅言"用"字。故孔子曰："如有用我者。"又曰："道之不行。""行"与"用"，皆具体可指。颜渊则曰："如有所立卓尔，虽欲从之，末由也已。""所立卓尔"，此即后人所言之"体"字，而其字不出颜子之口。孔子亦仅曰"民无得而称焉"，或曰"民无得而名"，皆不用此一体字。孔子七十始曰："从心所欲不逾矩。""矩"即犹言心之体。但言矩而不言规，不如庄子乃言"圆"，而曰"执其中"。矩之四方，皆可援可指。圆之中心则虚无其位，不如矩之有隅可据。《易传》后起于道家，乃兼采道家之言以为言，故曰："太极本无极也。"故"具体"与"抽象"，乃儒、道两家立言宗旨大异处，斯则可辨而知者。

西方希腊哲学家言"真理"，则不仅无矩可守，亦且无规可寻，乃可人各一真理，故曰："我爱吾师，我尤爱真理。""师"则具体，而"真理"则仅抽象。离其具体而仅言其抽象，则唯西方之个人主义乃可有之。

西方宗教言天堂，言上帝，此又太具体，不抽象，故唯有信仰，乃不得有各己思辨与议论之余地。如言科学，则既不抽象，亦不具体，乃只于具体中求新求变，更无一故旧之可尊。

今言中西文化之相异，则西方如宗教言天堂与上帝，似皆具体外在切实有据，但只可信，而不贵有证。如科学，则可用可行，而不贵有本。要之，此两者非生命性的，而其真实生命则为个人主义，太短暂太狭小，不可大又不可久。中国人言"性"，则求其真实人生之可大而可久，而绝不于生命外他求。此则中西"文化"之相异，亦即中西"人生"之相异，同时乃见其"民族文化"之相异。今国人唯求一变故己之常，唯西方是慕是求。此依中国古人言，"乃有人而无天，有人而无己"。而其心中之"人"，乃专指西方人。实只知有"物"，而不知有人。或可称之谓只知有人，不知有"己"。与中国民族性相距实大而远，不知究将何以为学？恐非再有圣人起，亦无可指导吾人以可循之规之矩矣。其然岂其然乎？吾诚不禁其慨乎以思之，慨乎以言之矣。

一九八七年一月，欲再版重排此集，曾细读一过，心有所感，略有增修，而作此文。后因故未及付排。今年重印此集，再读此文，因取其为增订版序。

一九八九年九月钱穆识于台北士林外双溪之素书楼，时年九十有五

自序

去年冬，"国防研究院"约我讲"民族与文化"这一课程。我虽自审不胜任，终于勉强答应了。今年三四月间，"国防研究院"开来该课程之纲要，要我限时先写一讲义。我正在百忙中，不能竟体写下，只得分章分行写，写了几章几行，可以随时停下，捉些闲暇，可以随时再往下写。讲义写完，但我的授课时间展后了，直到九月间，始匆匆赶去上堂。一连三天十堂课，我事先和临时，又都没有好好准备，又因已写了一篇讲义，上堂时，想不要依着讲义逐章逐行讲去，便随口随心，只照讲义上所提要点另作生发。讲完后，又承"国防研究院"把我十堂所讲记录下来寄我看。但距离我上堂时间又已两个月，我当时所讲，追忆不真，只能就记录稿随文修正，删去一些太芜蔓处，便成此篇讲演辞。

我既惭对此课程不胜任，又恨不能做好准备，希望读者能把我讲义和此讲演辞一并看，庶乎我心下所想要讲的，比较能更显露些。至于其间疏陋失当处,则更盼望读者能赐我以指正。

一九五九年十一月二十六日钱穆谨识于九龙钻石山寓庐

讲义

上篇　中华民族之成长与发展

第一章　中华民族之本质

"文化"只是人类集体生活之总称，文化必有一主体，此主体即"民族"。

民族创造了文化，但民族亦由文化而融成。

世界上曾有许多优秀民族，创造出许多各自神异的文化。但此等民族，有的忽然中途夭折，他们所创造的文化，仅供历史上继起民族之追慕效法，袭取利用。远者如巴比伦、埃及，近者如希腊、罗马，皆是。这因他们仅完成了第一步骤，即"由民族来创造文化"，而没有完成到第二步骤，即"由文化来融凝民族"。

世界上亦有某等民族，他们不仅能创造出一套优秀的文化，而他们所创造的那一套文化，又能回头来融凝此民族，使此民族逐步绵延扩展，日久日大，以立于不败之地。这便是我中华民族之特质，亦即是我中华文化之特征。

一　中国古代之氏姓分别

在中国古史上，并无民族之称，亦少民族相互间斗争之记载。"民族"一语，乃是近代译自西方。此征中国古人本无鲜明的民族观。

在中国古史上，只记有"氏""姓"之别。氏主男性，指地缘言，或指职业言。姓主女性，指血统言。

中国古人，在适合产生文化之自然条件下，而产生了一套优秀而伟大的文化。

中国民族，最主要的似乎是分布在北方黄土层的广大地区上，穴居而山耕。

穴居只是山居，择取山岭原阜，陵阪高处，凿穴而居。此等居处名为氏，住居此等处者亦称氏，如有虞氏、有夏氏皆是。

但中国古人，又有同姓不婚之戒。由于各氏族之异姓相婚，而逐渐把各地居民联系融合，成为一大民族。

《中庸》曰："君子之道，造端乎夫妇。"中国传统文化精神，亦犹后来之所谓君子之道，同亦造端于夫妇。中国古代民族本以"血统"为主要分别，亦即以血统为其主要之结合，而中华民族之主要成分，则"生活文化"之重要性又在其血统分别之上。

二　中国古代之华夏与四裔

中国自玄古下到春秋，其时似乎确然已有一种鲜明的民族观念存在。因此当时人，遂有华夏与蛮、夷、戎、狄的分别。

华夏则称为"中国"，蛮、夷、戎、狄则称为"四裔"。小而言之，如一城郭称为"国"，城郭之四围则称为"野"。大而言之，自中央天子乃及其四围之封建诸侯，皆为"中国"，其外面则为"四裔"，即蛮、夷、戎、狄。

但此等分别，实不从"血统"分，而只从"文化"分别来。文化深演，则目为诸华与诸夏，即所谓之中国人。文化浅演，则称为蛮夷与戎狄，即所谓之四裔。

如晋献公娶大戎狐姬、小戎子，又娶骊戎女骊姬，可证戎有"姬"姓，有"子"姓，乃与商、周同其血统。时人谓"同姓相婚，其生不蕃"，但晋文公母，乃大戎狐姬，而晋文公得臻高寿，时人认其为异征。又有姜戎氏，自称"四岳"之后。又有庐戎，《国语》富辰曰，"庐有荆妫"，"妫"乃有虞氏之姓。可见当时中国人分别蛮夷戎狄，并非指其血统之相异，乃指其文化之差别。故直至唐代韩愈，尚谓："诸夏而夷狄则夷狄之，夷狄而诸夏则诸夏之。"可征中国与夷狄之分别，乃在文化上，不在血统上。具此文化则为诸夏中国，缺此文化则为四裔夷狄。

孔子作《春秋》，后世称为是一部"尊王攘夷"之书。但《论语》孔子曰："微管仲，吾其被发左衽矣。"被发左衽，亦指文化生活，不指种姓血统。故《论语》称："子欲居九夷。或曰：'陋，如之何？'子曰：'君子居之，何陋之有？'"此谓文化人移居到任何一处去，其文化亦随之而俱去。又子曰："夷狄之有君，不如诸夏之亡也。"此条或释作中国礼义盛而夷狄无之，故夷狄虽有君长，不如诸夏之偶无。或释作夷狄且有君，不如诸夏僭乱，反无上下之分，此两释适相反，但其意侧重在衡量文化全体之高下则一。政治上之君臣分别，则只是文化之一端，并不即是文化之全体。即如孔子之去鲁适卫，在外周游，即是其重视文化全体尤过于其重视君臣一端之一明证。可证中国人一向对于民族观念实不如其对于文化观念之重视。

三　文化观与民族观

今人用"文化"二字，亦由西方语转译而来。但《易经》云："观于人文以化成天下。"是中国古人，原自有其一套人文和文化之观念和理想。

何谓"人文"？物相杂谓之"文"，人文即指人群相处种种复杂的形相。"物"又指种类言，可见大而至于血统不同、种姓各异之民族并存，亦已包括在中国古人此一人文观念之内。

唯其人群乃由不同种类相杂而成，于是乃求相和相通，乃有所谓"化"。如男女亦即是异物，男女相和相通，结合为夫妇，即化成了家庭。循此而往，群体日扩，人文日进，全人类相融，即化成为天下。故中国人之"天下"观念，乃由其"家"与"国"之观念融和会通而成。《大学》八条目，修身、齐家、治国、平天下即本于格物、致知、诚意、正心，大意即如是。

因此，中国人之人文观，乃由"人"之一观念，直演进到"天下"之一观念，而一以贯之。

在此一连串的扩大演进中，有国家，有民族。在中国人观念中，此等亦仅是人文演进中应有之一步骤，一形相，而非其终极。

因此，中国古人，不仅无鲜明的民族观，抑且无坚强的国家观。

当知民族观与国家观，固亦各有其随时随地之作用，但若民族观太鲜明，国家观太坚强，亦可阻碍人文演进更高更远的理想。

中国古人，自始即不以民族界线、国家疆域为人文演进之终极理想。其终极理想所在，即为一"道"字。《大学》三纲领曰："在明明德，在新民，在止于至善。"亦即此一"道"字。此乃中国文化传统精神所特有的伟大处。

四　文化建立与民族融凝

上面说过，民族创造出文化，文化又融凝此民族。中国古人，正为能创造出一套如上述的文化传统者，因此此下的中华民族，遂能更融凝，更扩大，成为一更新更大的民族。

此一经过，最显著，在春秋战国时代。下逮秦汉一统，一个既理想又伟大的民族国家，遂在世界人类的历史上开始完成。

所谓"民族国家"，应该在一民族之上只有一政府，在一政府之下只有一民族。

此是人类文化奇迹，但中国人习以为常，却不觉其为奇。

或认为秦汉统一，乃武力所致。不知武力但能创造一帝国，如欧洲之罗马；绝不能完成一民族国家，如中国。

中国之完成为一中国，当远自春秋战国时代开始。当春秋时，楚为南蛮，秦为西戎。而且当时建国，有绵历八百年以上者，如宋、如卫、如燕、如楚，皆是。最短亦且三百年，如赵、如韩、如魏，皆是。如齐，虽政府更迭，而国家命运已过八百年。战国时代之田齐，命运亦有三百年。试问单凭武力，如何能统一得？

在秦汉统一时代，政府所辖，已到处是中国社会和中国人。此即所谓"民族融凝"，正是文化陶铸之功，也即所谓"化成天下"。《中庸》言："今天下：车同轨，书同文，行同伦。"《中庸》成书在秦代，此即其证。

五　天下一家与中国一人之大同太平理想之追求

战国时代人，常称"大同太平"，又说"天下一家"，"中国一人"，可见当时人已抱有此等观念与理想。

《中庸》云："舟车所至，人力所通，天之所覆，地之所载，日月所照，霜露所坠，凡有血气者，莫不尊亲。"此一凡有血气莫不尊亲之人，中国人称之曰"圣人"，即古代所称之最高政治领袖，曰"皇"与"帝"。秦政统一天下，自称"始皇帝"，即承此来。实则中国古人理想，圣人乃得为皇帝，即是代表此一文化之传统精神者。

此为中国古人对其当时自己文化传统所具有之一种力量，所已表现之一种成绩之歌颂与信念。

何以能具此力量，表现此成绩？曰："中国文化传统精神重在道。"此"道"乃一种人与人相处之道，简称曰"人之道"，或"人道"。自孔子始，乃特称之曰"仁"。仁道本出于人心，此心又称曰"仁心"。能本此仁心，行此仁道者曰"仁人"。若使仁心大明，仁道大行，便达上述大同太平、天下一家、中国一人之境界。即是《大学》"天下平"之境界。

但中国古人虽抱此理想，具此信念，实未能完全达成此境界。中国自秦汉以下，历史演进，或明或昧，或顺或逆，要之，大体上乃向此目标而趋赴。

我们当先认识此大趋赴，乃能认识中国历史，乃能认识中国社会，与中国民族之文化精神。此即中国人所谓之"大道"。

第二章　中国社会之结构

任何文化体系之具体表现，主要必表现在其历史和社会。但中国很早便有"历史"一名词，而并无"社会"一名词。"社会"一名词，乃近代自西方传译而来。其实上文所述之家、国、天下，已包括尽了"社会"一词之涵义。

因此，要认识某一民族的文化，必先认识其历史和社会。但当从其大全整体而认识之，不该仅从其局部与枝节处求认识。

今论中国文化，主要亦该着眼于其社会与历史。该着眼在各时期的社会演变来认识中国史，该着眼在各时期的历史演变来认识中国社会。

明了得中国史和中国社会，自能明了中国文化。

一　人文精神的社会理想

中国社会有其理想的开展途径。

中国人向不以个人观念与社会观念相对立，亦可谓中国人自始本无鲜明分别的"个人"与"社会"两观念。此两名词，亦同由西方译来。

中国人很早便确立了一个"人"的观念。由人的观念中分出"己"与"群"。但己与群都包涵融化在人的观念中，因己与群同属人。如何能融凝一切小己而完成一大群，则全赖所谓"人道"，即人相处之道。

人与人该如何相处？此即中国社会最大理想之所寄。

中国人由修身、齐家而治国、平天下，只是"吾道一以贯之"。

家与国与天下，范围有大小，但同样是一"群"，同样只是"人"相处。各个小己则决然不能离群而独立。故《论语》孔子曰："我非斯人之徒，与而谁与。"

人或可以无家，亦或可以无国，但总不能无天下。西方人只有"家"与"国"两观念，并无"天下"一观念，此乃中西文化一大相异处。

换言之，人总还是人，总得在人群中成为人。

而此群，也仍还是人，总得由人而成群。但西方之群则以"国"为限，而中国则以"天下"为限。

故照中国观念言，在"人"的观念下，"个人"与"社会"无可分别而对立。

在中国人的人文观念中，从夫妇起，从朋友起，都有一个人与人相处之道。此一个人与人相处之道，可以推扩到全人类，可以推扩到天下万世。

因此，中国人的最高理想，只是"行道于天下"。

中国人的社会观念，乃以天下为终极，即是以全人类为最高量，而此道之所寄托、表现而发挥、充实、光大之者，则在各自之小己，即是仍在人身上。

此乃中国传统文化中之"人文精神"。

二 四民社会之形成及其意义

《论语》孔子曰："人能宏道，非道宏人。"道只寄托在人身上，只由人而发挥，由人而充实光大。离了人，便无道。而在人群中，凡能志道、明道、行道、善道者，中国人则谓之"士"。

中国人本此理想而有"四民"社会之建立。士、农、工、商谓之四民，士为四民之首，因唯士能代表此理想，而率先之，宏扬之，又固守而勿失之。此"士"之一流品，唯中国社会独有之，其他民族，其他社会，皆不见有所谓士。

士流品之兴起，当始于孔子儒家，而大盛于战国，诸子百家皆士也。汉以后，遂有"士人政府"之建立，以直迄于近代。

士负担着中国教育与政治之双重责任。

士乃社会公职，便不该再营家庭私业。故士这一流品，常保留其有与工、商业间某种程度之隔离。

士论贤知，不论门第。故"士"这一流品，常来自农村，而亦常保留在农村中。故"士"这一流品，与农为近，与工、商则较远，亦可谓与农、工近，而与商则远。魏晋以下迄于唐中叶之士族门第，此乃中国历史演进过程中一纡回，非正道。

此时期亦可称为乃中国之"门第社会"。然仍是一种四民社会，因门第必限于士族。若细分之，当称战国时为"游士社会"，两汉为"郎吏社会"，魏晋以下迄于唐为"门第社会"，宋以下为"科举社会"，而其为四民社会则一。

士当"志于道"，当"守死善道"。中国社会以士为领导层，可谓乃是代替了其他民族其他社会关于宗教之职务。

独在魏晋乃至隋唐门第时代，佛教传入，而且大盛于中国，正为当时中国社会士的领导失其职。故宗教遂与之为代兴。

就中国传统思想言，士应该能负担道，代表道，即是负担代表此传统文化理想与传统文化精神者。因此由士来主持教育与政治，即是政教一致。由教育阶层来领导着政治，再由政治阶层来领导着社会，如此则社会全体将永远向此文化理想与文化精神之大目标大路程而前进，此乃中国成立四民社会意义之所在。

三　中国社会中之个人地位与家庭地位及政治问题与经济问题

中国社会建基于人道，因此每一人均有其极端重要之意义与职任。而人与人相处，每一人均为一主体，均是一主动者，故每一人均为此社会之中心。

家庭在中国社会中，亦负有极端重要之意义与职任。因人与人相处，造端在家庭。若夫妇不能相处，父母子女不能相处，兄弟姐妹不能相处，最亲切最日常相见者不能相处，则理想的人与人相处之道便无可建立。

中国人理想，乃推扩修身、齐家来求治国、平天下，即是以"孝弟"之道来直达于平天下。因平天下仍只是人与人相处得其道，此与孝弟处家并无二致。故《孝经》开宗明义即曰："先王有至德要道以顺天下。"此至德要道即是"孝"。

每一人呱呱堕地，来入此世，最先遇到者，即为其父母。故教孝即是教其做人，即是教之以人与人相处之道。人人能与人相处得其道，而国自治，天下自平。此为中国人理想。

《论语》孔子曰："足食，足兵，民信之矣。"必不得已，"去兵，去食。自古皆有死，民无信不立"。此"信"乃人己之互信。人己之群，则本于天，故人之互信，每由信天来。中国人乃以仁、义、礼、智、信为五常。西方个人主义，人不互信，乃信天堂有上帝，但恺撒事仍由恺撒管，于是乃有世界末日。此亦中西双方社会一大相异处。

在此五常之大道中，政治事业实属次要。政治事业仍不过是人与人相处，故从政不当忽忘了人道，不当忽忘了教育。中国人政治理论主张"德化"，其义便在此。

在此项理想中，则经济问题自当更落次要。

凡属经济营谋，易陷人心于自私自利。经济营谋，自为人生过程中所不可免。但中国人理想，则主张勿以私人经济营谋来损害了人与人相处之道。因此，在指导人一切经济营谋中，仍要不忘了人道的教育意义。故曰："信义通商。"

若脱离了人生大道来干政治，则一切政治活动易陷于争权与争位；若脱离了人生大道来干经济，则一切经济活动易陷于谋富与谋利。

中国人理想，不认仅求富强即为人生之大道，因仅凭富强并不足以治国平天下。

若每一社会仅知求富强，则社会内外均易生隔离，起冲突，距治平之道将益远。

中国人理想，又看不起仅凭法律来治国，更反对仅凭武力来争取天下。

中国人理想，只求社会之安和。不论在社会之内或外，唯"安"与"和"可久可大，始能为治国平天下铺路。

其责任则在每一人身上。其教练场所，则在每一人之家庭。

第三章　中华民族发展之经过及其前途

中华民族有两大特性，一是其"坚韧性"，虽经千锤百炼，终是团结一致，有不可击破之耐受力。一是其"容和性"，随时添进异民族异分子，均能容纳调和，有不可计量之化合力。

一部中华民族之发展史，较之世界任何民族，已往经过，独见其为绵历久，展扩大，举世无与伦匹。此即中华文化最有价值之具体客观的凭证。

一　秦以后中华民族之逐步扩展与逐步融凝

秦汉版图，大体已奠定了此后中国之疆境。但疆境所至，只代表了政府之权力，唯有在其疆境以内之人群，始是代表民族与文化。

秦汉版图以内之人群，显然已是"彼""我"一致的中国社会。故秦汉版图，乃是以其文化为疆境。

世人每以中国先秦与西方希腊相拟。然希腊人麇聚在小地面上，始终未能凝结完成为一国，先秦战国终于抟成秦汉之统一，此其异。

世人又每以汉代与西方罗马相拟。然罗马仅凭武力征服了其四围之异民族，乃西方一帝国。故在罗马政权之下，社会异样多采，始终未能融化合一。汉代政权则由中国人建立，以统治此同文同化之中国人，非如西方之帝国。故罗马覆亡以后，即不再有罗马，汉室消灭，却依然有中国。此其异。

两汉地方行政单位称"县"，县中杂有蛮夷者称"道"。可见当时在中国内地，仍有近世所谓少数民族之存在。

直迄近世，明、清两代，在西南各行省，犹有"改土归流"之设施。

可见此项少数民族，在中国一统政权疆境之内，始终不绝其存在。然其逐步融化归一之趋势，则虽缓而有常。

两汉时代，中国又不绝招致塞外异族内迁。及汉室衰亡，中国政权失统，遂有西晋末年之五胡乱华，而循致南北朝分裂，北朝政权乃属胡人。

隋唐时代，依然不断有胡人归化。唐末藩镇兴祸，多半尽是蕃将与蕃兵。

梁、唐、晋、汉、周五代，唐、晋、汉三代皆由蕃将统治。

宋代先有辽、夏，后有金，分割区宇，另建政府，相与为敌国。

元代少数民族入主，乃以胡人而统治全中国。

明室光复，但清代又是少数民族入主，又是以胡人而统治全中国。

就中国全史过程言，似乎不断有少数民族政权在中国疆境内出现。但此等仅是上层政治波动，若论其底层之社会传统，则终始如一，不摇不变。而且此等少数民族，不久即为中国社会所同化，全消失于全部中华民族史之扩展过程中，而不见其踪影。

因中国于"国"之上尚有一"天下观"。清初明末遗民顾亭林有言："国家兴亡，肉食者谋之。天下兴亡，匹夫有责。"即如唐玄奘之西行求法，亦其义。

二　少数民族内徙与海外拓殖

中国历史上之少数民族内徙，大要不外两途。一是归化投降，由中国政府招之来内地。又一是在塞外凭其武力，侵略入主。

中国历史上之海外拓殖，亦有两个形态。一是中国内部动乱，奔亡向外。又一是中国治平隆盛，一部分社会剩余势力，向外和平移殖。

外国人来中国，每易为中国社会所同化。但中国人去国外，往往祖世相传，仍保留其为中国人，且又逐渐将中国社会移殖去。

即就明、清两代中国人之移殖南洋各埠言，中国人航海西行，尚在欧洲人航海东来之前。

近代欧洲人海外殖民，凭仗于有组织。商人之背后有公司，教士之背后有教会。抑且无论传教与经商，其背后均有政府武力做后盾。

但中国人之海外拓殖却不然。几乎尽是只身前往，其本身亦仅是逃避饥寒，止在谋低微之生机。

及其在国外立定脚，生下根，继而掣带妻孥，携引乡井，亦全是些私关系。

日子久了，宗亲会、同乡会相继而起，在海外异域，出现了中国社会。

但此等中国社会，在国外，亦仅是求和求安，并不从事于经济侵略与武力征服。对其寄居地，可说有贡献，无损害。

此等中国社会之海外移殖，正可说明上述中国文化之传统精神，乃是由个人而直达天下，凭于中国人理想中一种人与人相处之道而和平展进者。

孔子曰："言忠信，行笃敬，虽蛮貊之邦行矣。"中国人去国外，亦是仅凭各个人之勤恳忠诚，而获得主客相安，侨土和处。并不曾借武力、财力甚至智力而打入，而霸占，而主客易位，而扰乱乃至消灭了各该地原有之土著。

中国人移居国外，只如在国内移居般。中国人常觉是"天下一家"，却并不曾在其心中先存一民族观、国家观，而自为封闭，自造壁垒。

如此，中国人之海外拓殖，也并不如近代西方之帝国殖民。

但中国人心中，实存有一种文化自尊感。此种文化自尊感，并非即是鄙视乃至敌视异文化。中国人只觉因于谋求生活而寄居客地，却把自己宗本忘了，内真掩了，忽然改变族姓，转移国籍，在一般中国人心中觉难受，似乎若有一种无可言说之内心耻辱感。这正因中国人内心，一向是"人道观"与"文化观"超胜了其"民族观"与"国家观"。而现在世界潮流，则正是民族观与国家观超胜了其人道观与文化观。中国人自己本没有一条狭窄不可逾越的民族界线与国家界线横梗心中，而四围形势，却偏在民族与国家观点上来衡量一切，于是国籍问题遂成为目前南洋华侨一个蒙受耻辱、遭遇压迫的大问题。

三　民族观与文化观之冲突与调整

文化由民族所创造，民族亦由文化而融凝。此如非孔子不能成此道，非此道亦不能成就得孔子。孔子已死，而其道则两千五百年来传递弗辍。

"民族"与"文化"两观念之偏轻偏重，却引诱起近代中国人内心之种种冲突，而急求调整。

中国文化传统精神，建本于一己，而直达于天下。只求一种人与人相处之道来融通解决人类间一切问题，而期求达于天下一家、中国一人、大同太平的大理想。民族与国家，则只是展开此种理想中之一过程，一阶段，而非一垒壁，一障碍。

但自东西接触，世界棣通，外面势力，却全以民族与国家观念为其力量之主要根源，来从事做相互之斗争。中国逼处其间，若使国家覆灭，民族解体，则其一向所重视的这一套文化传统，亦将不可保。于是中国人在其外患洊至，危急存亡之际，逼得要重新调整自己的传统。

中国历史上，屡受外祸侵临，这一种形势与需要，亦不自近代始。

尤其是蒙古入主，中国社会及其传统文化，曾受莫大之震撼与摧残。晚明诸大儒，如顾亭林、王船山诸先生，心惩前创，目击新伤，对民族观念更所重视。然亦只认为保种保国乃存续文化传统大本所系，却并非仅为国家民族之当前遭遇而忽忘了文化大传统。

晚清末年如康有为，一面主张"保王"，一面提倡"大同"，亦可谓仍是受了中国传统思想之影响。但惜其对于历史大统，世界潮流，认识有未切。

近代中国，唯孙中山先生，始能高瞻远瞩，斟酌尽善。一面主张"驱除鞑虏"，排满革命，但自中华民国创建，便容许"五族共和"，汉、满、蒙、回、藏一家。在其所提倡的"三民主义"中，"民族主义"褎然首列。一面却以香港码头工人在其竹杠中藏有头奖彩票为喻，依然进一步在求大同太平，只是退一步先求保种救国。其于"民族观"与"文化观"之本末轻重之间，仍不失传统文化之精神。

至于洪、杨太平天国，只知有民族界线，而毁弃了文化大统，那就要不得。

四　救国保种与文化复兴

当前急务，则仍在以"救国保种"与"复兴文化"之两大纲宗为目标。

此两大纲宗，实际还是一件事。

只有保种救国，才能复兴文化。但亦只有复兴文化，才能保种救国。此在中山先生《三民主义》之讲演中，已揭发明显。

保种救国，固需面对世界潮流，但更主要者仍在自己能拿出力量来。救国只是自救，保种也只是自保。若自己没有力量，尽认识外面潮流，也将为潮流所卷去。

今试问中国内部自身力量在哪里？则只在中国之文化传统上。若自己文化无力量，中国早就不能存在到今天。若自己文化无力量，试问再从哪里去找自己的力量？

饮食营养与针药克治都重要，但自身内部活力更重要。一切营养克治，均需配合在其本身内部那股活力而始见其作用。

今再问中国自身内部那股文化力量究竟在哪里？就于上述，则中国文化力量主要还是寄存表现在中国之社会。

中国社会最和平，但同时也是最能奋斗，最坚韧。

中山先生临终，还呼"和平奋斗救中国"。"和平奋斗"便是中国社会内部力量之特征，也即是中国文化内部力量之特点。

当知，中国历史上虽不断遭受外力摧残，如五胡、如辽金、如蒙古、如满洲，但终于不能破毁了中国的社会。至于黄巢、张献忠、李自成之流，其不能破坏中国社会，更不待言。其实巢、闯之流，在其本心，也并不曾想要破坏中国社会。

我们当前那一番救国保种之大业，仍待在中国社会内部自身找力量，仍该在中国传统文化中觅精神。此一大要义，还该我们时时提撕与警觉。

下篇　中国历史演进与文化传统

第四章　中国历史演进大势

上面讲的是中国社会，下面再讲中国历史。主要都在阐扬中国文化精神。

人类古文化，根源于四地区。巴比伦、埃及已夭折。印度畸形发展，未能创成一个独立完整的国家，未曾留下一部详确明备的历史。

只有中国，广大的中国社会，绵长的五千余年的历史传统，全由中国人自己在主演。

论其体系之大，包容之广，延亘之久，差堪与中国历史相比者，就目前人类历史言，只有一部欧洲史。

但中国史与欧洲史，精神面貌各不同。

中国史如一树繁花，由生根发脉而老干直上，而枝叶扶疏，而群花烂漫。

欧洲史则如一幅百衲刺绣，一块块地拼缀，再在上面绣出各种花草虫鱼。

历史如是，文化亦然。中国文化重在其内部生命力之一气贯通。欧洲文化则由多方面之组织而成，虽曰取精用宏，终是拼凑堆垛。换言之，中国文化是"一本"的，而欧洲文化则是"多元"的。

一　秦以前之中国

秦以前之中国历史演进，至少已有两千年到三千年。中国文化生命，在此时期中，已茁长完成。

其最主要代表人物则为周公与孔子。此下中国政治与社会之大理想，由周公创始。学术与思想之大体系，由孔子建立。

因此周公、孔子，为此下中国两千年来之楷模。

所谓政治与社会之大理想，主要在"礼"与"乐"。所谓学术与思想之大体系，主要在人心之"仁"，与夫可以推行于天下万世之"道"。

礼乐之内心精神便是仁与道，仁道之外施规模便是礼与乐。

周公开始把散布在当时中国大陆各地种姓不同、风尚相别的各个社会，融凝合一，而建立起一个统一的新王朝。其所仗便是一种"礼乐"精神。

孔子把周公的一切具体设施推阐说明，要义在本原于人人各自具有之内心之"仁"，而随时随地随宜推扩，以形成为一种可以普遍适用于天下万世、人类全体之"道"。

此下中国历史演进，主要不能越出周公、孔子两人所树立之规范。

更主要者，在周公、孔子之私人人格修养及其实际生活上，又建立了中国历史此下所谓"士"之一流品之最高的楷模。

二　汉唐时代之中国

中国历史之伟大成就，首要在其"大一统"理想之实现。

周公西周时代所创建，乃一种"封建政治"之一统。秦汉以后所改进完成者，乃为一种"郡县政治"之一统。

封建政治是一种"贵族分治"，郡县政治则为一种"士人合治"。

士之养成在教育，士之登进在选举。

当时教育制度，分公私两轨并进。社会私家讲学，开门授徒，是一轨；政府自县、道、郡、国学向上集中，到中央太学，是另一轨。

选举制度亦分公私两轨并进。中央地方各部门主管长官可以自辟僚属，是一轨；郡国分年选举以及中央临时制诏选举，是另一轨。

由于政府奖励学术，选拔贤俊，而学术风气普遍到全社会，此乃由政府领导着社会。

由于各地贤俊集合到政府，实际掌握政权，而各地民生利病，社会意见，可以随时活泼呈现于政府，而具体表现在一切行政措施上，此乃由社会管制着政府。

此种建国规模，在其背后，显然有一大理想。而此种理想，则显然上承周公、孔子精神，经时代之演变、蜕化而有此。

因此，当时全国教育，幼学阶段主要教材为《孝经》与《论语》，成学阶段主要教材为"五经"。

凭此建国规模，而形成两汉之治平与隆盛。

但历史只是人事，人事并不能遵循一轨道而直线上进，无顿挫，无曲折。

东汉以下，士族兴起，同时老庄思想渐盛。当时的士，则已无大仁大勇来担负国家民族的大使命，来追求国家民族的大理想。

他们的精神意气，大半都封闭在各自的门第传统一种小天地之内，游情于文学艺术，仅求私生活之自怡悦。

先是统一政府崩溃，继之以五胡之乱，而形成南北朝对立，显为中国历史之中衰期。

其时则印度佛教传入，掌握了人生最高理想之领导权。

但在上，两汉政府精神及其一切机构组织，并未完全崩溃，还是大体存在着。

在下，则士族门第仍能敬宗恤族，敦睦孝弟，仍是各有其一套传统体法，依然不失为儒家精神之遗存。

因于此两传统，而终能再造隋唐统一，以及唐代之全盛。

但人生最高理想之领导，则实依然在佛教。

其时人生则分成了两截。一面是终极的想望，清净涅槃；另一面却是当生之实务，权势声名。

唐代人心比较积极开放而进取，国力扶摇直上。社会富，国家强。但汉人朴而凝，唐人华而散。唐人所缺乏者，仍是一人生全体最高理想之领导。

于是向外则陷于穷兵黩武，转而向内，又成为藩镇割据。唐代之没落，近似西方罗马帝国之崩溃。紧接着的是五代十国，为中国历史上第二度之中衰期，抑且近似于黑暗。

三　宋以下之中国

宋人之最努力者，厥在复兴儒学，又恢复了以往最高领导全体人生之思想大传统。

因于隋唐考试制度之蝉续，而门第失势。自宋以下，则成为白屋寒儒之天下。

宋代国势积弱，虽未能全部扭转中晚唐之颓运，但此后一千年，中国文化仍得传统勿辍，实胥赖于宋人。

蒙古入主，中国社会几于全部受其震撼，幸而在南宋偏安时期所辛苦达于完成之新儒学，传入北方，为中国社会普遍注射进新精力。

明代光复了中国民族之政权自主。当时之教育与考试，则几乎全依朱子一家言。朱子《四书集注》，七百年来，家弦户诵，成为中国社会之人人必读书。

此一经过，实与汉人表章"五经"，同样涵蕴有甚深意义。苟非竟体了解中国历史，通盘了解中国文化，不易把捉到此中之契机与涵蕴。

明代国运光昌，堪与汉、唐鼎足而三。

满清人入主，而晚明诸大儒藏精掩彩，灵光不磨。此下三百年，仍是此一番淋漓元气，暗中主宰。

但通观自宋以来，此一千年之中国史，较之汉、唐乃及先秦，终于不脱一弱象。而士的社会地位，经济地位，乃及政治地位，亦较以往为弱。

而且此一千年来，士之精神所注，亦重在与佛家教义争心性之微，争宇宙之奥，而于人群治平大业则不免置之为次图。

因此，此时期孔、孟并尊之新传统，遂代替了唐以前周、孔同列之旧传统。

尤其在清政权之压迫下，学者心力所瘁，群趋于古经籍之校勘、训诂、考核，埋头故纸堆中，虽于学术内容有贡献，却于社会实际无补益。

清代自乾嘉全盛之后，遂有道、咸以下之衰运。

四 近代中国及其前瞻

当是时，正值西力东渐，国人内厌清政之腐败，外怵强敌之侵凌，于是有变法维新之要求。

辛亥以还，不仅上层政治变了，更要的则是下层社会亦跟着变了。

汉以下之选举，唐以下之考试，确定了中国传统社会，所谓"四民社会"中"士"之领导地位。但自晚清科举废止，民国以来，西方民主宪政之新的选举法，实际未能在中国急切推行。于是如何选贤与能，使政府与社会密切相系，血脉相通之旧秩序已破坏，而新秩序未建立，一切纷乱，遂不断在此过渡时期中产生。

更要者，考选制度外，乃属教育制度。晚清以来，迄于民国，全国上下，努力兴学。各地中小学校，关于国民教育、普及教育方面，尚幸薄有成绩。但属于教育最高阶层之大学教育，则始终未臻于理想。

因此，全国思想之最高领导及其安定中心，已不在国内，而转移到国外去。

留学政策应运而兴。此一政策，实隐隐掌握了近代中国之国运。

少数留学生，不了国情，群思本其所学于国外者来尽变国内之故常。

晚清末叶，主要心向，在模仿德国与日本。民国肇建，主要潮流，在追步英美。

渐渐酝酿出打倒孔家店、线装书扔毛厕里、废止汉字、全盘西化等呼声。

于是由政治革命转移到社会革命与文化革命。破坏旧的，人尽同意。一谈到建设新的，则意见各别。各有理想，各有图案。遂使近代中国，多破坏而少建设。

国内多数优秀青年，没有出国留学的机会，便如窒塞了将来一切希望，斩断了将来一切出路，更易激起他们对现实状况之不满。而过激思想，遂普遍弥漫。

于是又有"勤工俭学"之号召，招致许多青年，盲目出国。

传统社会中"士"之一阶层，先自糜烂而不可收拾。

由于国外工商优势之经济侵略，而农村亦逐步陷入贫困与崩溃中。尤其是北方农村，更形枯瘠。

工商业在中国社会，本不曾积极奖励。自与西方新起工商势力接触，而骤形劣势。

政治不上轨道，国内社会在长期动荡中，对外条约又受种种欺骗与束缚，新科学智识急切间未能引用，于是工商劣势常此继续，几于一蹶而不振。

由于上述形势，近代中国，虽长期挣扎，而苦难重重，好望终渺。

国民革命军北伐成功以后之数年间，政令渐见统一，社会复苏有象，而日本帝国主义又乘机加速进犯。

回顾对日抗战前之中国，一是数十年来中小学国民教育薄有成绩，二则全国广大农村犹未彻底破坏。八年抗战，幸获胜利，所凭借者在此。

中国必有其前途。所堪鼓励吾侪之信心与勇气者，厥在中国传统文化之深根宁极，有其不可消散磨灭之潜势力之存在。

若先忽忘了自己传统文化，试问尚有何物，可供吾人之凭借，而作为此后一切力量之出发点与中心点之所在？

此一信念，实在堪供吾人在此万死一生中，做深切之警觉与珍重之保持。

第五章　中国文化本质及其特征

中国传统文化，何以值得吾人如此郑重自信，上面已就其表现于社会结构及历史演进中者，扼要分别叙述。但今日则历史已走上了前古未有之黑暗期，社会亦在土崩鱼烂中。若我们对于此传统文化内在深处之本质及特征，不能有更进一层之认识，则我们终将不能确保此信念，而亦无法运用此潜力，以作为吾民族起死回生惟一可赖之法宝。

一　中国文化体系之分析观

所谓"文化"，本属包括着人生全体之各部门、各方面而言。

全世界各民族各文化体系，莫不各有其轻重长短，亦莫不各有其利病得失。

人类文化演进至今日，尚未见某一文化体系，能平衡兼顾，有利而无病，有得而无失。

若我们能将每一文化体系，分析而观，庶乎利病互见，得失并呈。而每一文化体系之本质及特征，亦将显豁无遁形。

今就并世中国以外之二大文化体系言，印度由于气候与物产之特殊影响，生事易足，又对人生实务易生厌倦。因此，在其文化体系中，宗教一枝独秀，文学艺术为其附庸，而其他则无可言。

西方欧洲文化，则由希腊之个人自由精神，罗马之法律组织，以及希伯来之上帝信仰，三者配合，而增以现代科学之发明。

以中国文化较印度，显属发展匀称。与近代欧洲相较，则遥为调和协合。

若以文化演进分三阶层，以农、工、商各业关于物质经济方面者为第一阶层；以群体组织、家庭社会国家之建立为第二阶层；以有关心性陶冶，举凡文学艺术、宗教信仰、道德修养等方面者为第三阶层。则印度文化实在第三阶层上畸形发展，是为文化之早熟。近代欧洲文化，三阶层均有超卓之造诣，但希腊传统个人自由精神与罗马传统法律群体组织精神相冲突。希伯来传统宗教信仰，重视灵魂出世，又与文艺复兴以下肉体现世精神相冲突。现代科学兴起，虽于第一阶层物质经济方面，骤见突飞猛进，但于上述诸冲突，则反有增重之力，而无弥缝之功。

中国传统文化，若截至清代乾隆以前，则三阶层之成就，实皆远超西方以上。仅自西方近代科学兴起，中国遂若处处落后。

所幸科学无国界，可以向外袭取，迎头赶上。不幸而国人一时迷惘，认为不打倒旧的，装不进新的，为要接受科学，主张先把自己传统尽情破坏。试问在破坏途中，政治社会全摇动了，祸乱相寻，哪有科学发展之余地？

今以后，当整理旧的，再引进新的，两途并进，始是正办。而其本末、先后、轻重缓急之间，也该斟酌尽善始得。

二 中国文化体系中之人文精神及其道德观念

中国文化是一本相生的，在其全体系中有一主要中心，即为上述之"人文精神"。

中国文化以人文精神为主要之中心，而宗教则独不见发展。

佛教入中国，唐代天台、华严、禅三宗，俱已中国化，已有中国传统的人文精神之羼进。

但中国传统的人文精神，仍与西方文艺复兴以后之所谓"人文主义"有不同。因中国人文精神可以代替宗教功用，而并不与宗教相敌对。

中国特别重视道德观念，故使传统人文精神能代替宗教功用。

中国人之道德观念，内本于"心性"，而外归之于"天"。

孟子"尽心知性、尽性知天"之教，实得孔学真传。荀子"勘天"之说，则终不为后世学者所遵守。

孟子主张"人性善"，此乃中国传统文化人文精神中，唯一至要之信仰。

只有信仰人性善，人性可向善，必向善，始有"人道"可言。

中国人所讲人与人相处之道,其唯一基础,即建筑在"人性善"之信仰上。

整个人生唯一可理想之境界,只此一"善"字。

若远离了善,接近了恶,一切人生将全成为不理想。

自尽己性以"止于至善",此乃中国人之最高道德信仰。

与人为善,为善最乐,众善奉行,此可谓乃中国人一普遍通行之宗教。

由于人生至善,而达至于宇宙至善。而"天人合一",亦只合一在此"善"字上。

西方人自始即有真、善、美之三分观,循至宗教、科学、艺术各各分道扬镳,互不相顾。而人道则转须建立在法律上,法律又须建立在权力上,权力又妨碍了人性尊严,于是需要有个人自由之争取。而"个人"与"社会"亦遂划分而为二。

中国人把一切人道中心建立在一"善"字上,又把人道与善建立在"天道"上。而天道则又建立在"人道"上。

故依中国观念言,一切宗教均脱离不了一"善"字。即科学与艺术,亦脱离不了一"善"字。脱离了此一"善"字,即一切对人无意义,无价值。

《易传》云:"一致而百虑,殊途而同归。"凡属人道,当一致同归在此"善"字上。

西方观念中,科学在求真,艺术在求美。于是科学、艺术,有时不为人利而反为人害。

西方人的宗教信仰，又把天与人分开。人生挟带了原始罪恶以俱来，人生之终极希望，只有在天国。

若仅就人生言，个人自由成为最高境界。但有了个人不能没有社会，于是再把法律组织来把此个人之自由勉强胶黏在一起。

在此人生境界中，科学求真，艺术求美。财富权力，欣赏娱乐，层层涂饰，一处处点缀，也未尝不能形成一幅吸引人心目的景象，无奈经不起解剥与洗剔。

若论人道真能达于相互安和欢乐的境界，真能推诸四海，垂诸万世，为人类普遍永恒做标准，则断断脱离不了一"善"字。

若我们真能信仰此一真理，便可信仰到中国文化的价值，便可信仰到中华民族之前途。

第六章　中国的哲学道德与政治思想

上面所说，似乎近似一套哲学思想。

所谓哲学思想，乃是一种寻求宇宙真理、人生真理的思想。

中国人寻求宇宙真理，乃及人生真理，其思想方法，亦复与西方人不同。

西方哲学是纯思辨的，先在思辨中寻求建立出一套真理来，再回头来指导人生行为，求能配合此真理。

他们说：哲学是一种"爱知"之学。因此，便不免把"知"与"行"先就分成两橛了。

中国人寻求真理，贵在知行并重，知行合一，知行相辅交替而前进。

《中庸》云："博学之、审问之、慎思之、明辨之、笃行之。""学"便已是一种躬行实践。学了行了才有问、有思、有辨，而其终极阶段仍在"行"。

中国人之思维，并不能脱离了其自身之躬行实践而先自完成为一套哲学的。故中国哲学，实际则只是一套人生实践之过程。

因此，中国哲学，主要并不在一套思想上，而毋宁说主要在一套行为上。故中国人以"圣""哲"连言。常称圣人、哲人，不言圣学、哲学。

因此，中国哲学，早就与实际人生融凝合一了。

因此，在中国，好像有许多大哲学家，如孔孟，如程朱、陆王皆是。但若寻求他们的哲学体系，则又像是零零碎碎，不成片段。换言之，则像并无思想体系可言。

其实，他们的哲学体系，乃是完成在他们的全部人格上，表现在他们的全人生之过程上，而并不只表现在其所思辨与著作上。

因此，在中国有哲人，无哲学。"哲学"一名词，仍是由西方移译而来。

中国的哲人则必然是一善人，一有道之人。因此，中国哲学实应与中国道德融凝合一。

政治乃人生一大事，修身、齐家与治国、平天下一以贯之，彻头彻尾，仍是一道德。

孔子曰："政者，正也。"脱离了道德，便不再有政治。

故孟子言"仁政"，言"善政"，政治之终极标准，仍脱离不了一"善"字。

就中国历史言，大政治家项背相望，却只有极少数如西汉初年之贾谊等，始可称为一"政治思想家"。

一则中国学人，实际多数都已参加了政治。二则实事求是，为政不在多言。三则学贵融通，政治不能脱离了人生大道而独自成其为政治。因此，在中国文化传统里，几乎绝少有在特殊环境下，关着门专门从事于著书立说的政治思想家。

若说中国没有一套完整的政治思想，正犹如说中国没有一套完整的哲学思想般，这正由中国之文化特质使然。自秦以下二千年，中国文化在政治事业上所表现，实已超越寻常了。

近代中国，孙中山先生亦能对中国传统政治有其卓见。留学西方的，言政治，只学得一些西方政治皮毛，乃谓中国无政治思想，自秦以下两千年来，只有帝王专制，乃无政治事业可言。

近代中国，在其传统文化精神之大体系内，先自失掉了政治精神一传统，不能不说是近代中国一大损害。

一　中国传统文化中修身齐家治国平天下之一贯理想

我们也可说：中国人的哲学精神，即其"求知"精神，如实言之，不如谓是中国人的"求道"精神，却可说最近于西方现代实事求是的科学精神。

现代西方科学精神，最主要者，在能逐步求证验，逐步扩大，逐步向前。而中国人讲道德，也正如是。

《中庸》云："在下位，不获乎上，民不可得而治矣。获乎上有道，不信乎朋友，不获乎上矣。信乎朋友有道，不顺乎亲，不信乎朋友矣。顺乎亲有道，反诸身不诚，不顺乎亲矣。诚身有道，不明乎善，不诚乎身矣。"

此一道，便是在逐步证验，然后再逐步扩大向前的。

从低处近处，一步行得通，有了证验，才向高处远处更前一步。

人生高远处，不可穷极，也只有从眼前脚下、低近处，如此般一步步行将去。故曰："吾道一以贯之。"

人总还是个人，道也总还是个道，无论对己对人，修身、齐家、治国、平天下，全只是在人圈子里尽人道。

人道则只是一"善"字，最高道德也便是"至善"。

因此说，中国的文化精神，要言之，则只是一种"人文主义的道德精神"。

无论是社会学、政治学、法律学、经济学、军事学、外交学，一切有关人道之学，则全该发源于道德，全该建基于道德。也仍该终极于道德。即全该包涵在一"善"字内。

此是中国传统文化中一最高理论，亦可说是一最大信仰。

因此，在中国传统文化的大体系中，宗教与哲学，是相通合一了。

如何求考验此理论，如何来证实此信仰，只要是个人，只要在人圈子中，尽人可以随时随地逐步去求证验。

社会只如一实验室，人生便是在实际实验中。

因此，在中国传统文化的大体系中，西方的科学精神，也可与其宗教、哲学精神相通合一了。

亦可说：中国传统文化中的道德精神，实际也是一种如西方般的科学精神。中国人的"天人合一"，亦即如西方之"人文科学"与"自然科学"之合一。

《中庸》云："尽己之性，可以尽人之性，尽人之性，可以尽物之性。"若说尽己之性是心性道德，尽人之性是社会科学，尽物之性是自然科学，则中国人理想，乃从"心性道德学"以贯通达成于"社会科学""自然科学"，三者合一，乃始得之。

近代西方人，多主张本于自然科学之精神与方法，以贯通达成到人文方面。然自然科学本用于对物。本于对物之学，以贯通达成于对人方面，其间终不能无病。唯物与人则必有相通之理，而本末、先后之间，则中国人理想之人文本位，乃更合理妥当些。

中国人理想，重在本于对人之理以对物，故中国传统文化中，自然科学较不发达，而发达转向于艺术。

中国人之艺术与文学，均都充满了道德之精义。此后西方自然科学在中国生了根，亦当渗透进中国文化传统之道德精神，此事无可疑。唯此当为将来人类所最希冀之新科学，此事亦无疑。

中国传统文化中修身、齐家、治国、平天下的一贯理想，正因其对于自然科学方面之发展较逊，而使中国文化力量之表现，始终停滞在治国阶段，而未能再前进。然徒仗西方近代科学，纵极进步，亦难望于平天下。将来人类真望能达于平天下之理想，则必待近代科学与中国传统文化相结合，此实中国传统文化对将来人类莫大贡献之所在。

二　中国传统文化中之天人合一观

中国传统文化，虽是以人文精神为中心，但其终极理想，则尚有一"天人合一"之境界。

此一境界，乃可于个人之道德修养中达成之，乃可解脱于家、国、天下之种种牵制束缚而达成之。

个人能达此境界，则此个人已超脱于人群之固有境界，而上升到"宇宙"境界，或"神"的境界、"天"的境界中。

但此个人，则仍为对于人的境界能不脱离，而更能超越于者。

亦唯不脱离人的境界，乃能超越于人的境界。

在此人群中，只求有一人能超越此境界，便证人人能超越此境界。

能超越此境界而达于"天人合一"之境，此始为有大德之人，中国传统则称之为"圣人"。

圣人乃人中之出类拔萃者。然正为圣人亦是人，故证人人皆可为圣人。

人人皆可为圣人，即是人人皆可凭其道德修养而上达于"天人合一"之境界。

具此境界，谓之"德"。循此修养，谓之"道"。

故德必然为"同德"，而道必然为"大道"。

中国传统文化之终极理想，乃使人人由此道，备此德，以达于大同太平。而人人心中又同有此"天人合一"之境界，则人类社会成为一天国，成为一神世，成为一理想宇宙之缩影。

到此境界，虽仍为一人类社会，而实已超越了人类社会。亦唯仍是一人类社会，乃始能超越人类社会。

此乃中国传统文化中，近于哲学上一种最高宇宙论之具体实证，又近于宗教上一种最高信仰之终极实现，又近于科学上一种最高设计之试验制造完成。

但中国人心中，则并无此许多疆界分别。中国人则仅认为，只由各个人一心之道德修养，即可各自到达此境界。亦唯有由于各个人一心之道德修养，而始可各自到达此境界。

故谓中国传统文化，彻头彻尾，乃是一种"人道"精神、"德性"精神。亦可谓之乃"天命"精神。

三　中国传统文化中之人文修养

最后要一谈中国传统文化中之人文修养。此乃中国文化一最要支撑点，所谓人文中心与道德精神，都得由此做起。

所由保持与发扬中国传统文化者，其主要胥在此。

《大学》云："为人君，止于仁。为人臣，止于敬。为人子，止于孝。为人父，止于慈。与国人交，止于信。"此乃中国人所讲人文修养之主要纲领。

所谓"人文"，则须兼知有家庭、国家与天下。此三者，即今人所谓之"社会"。

要做人，得在人群中做，得在家庭、国家乃至天下社会中做。

要做人，必得单独个人各自去做，但非个人主义。

此每一单独的个人，要做人，均得在人群集体中做，但亦与集体主义不同。

要做人，又必须做一有德性之人，又须一身具诸德。

父慈子孝，君仁臣敬，亦非有上下阶级之不平等。此乃所谓"理一分殊"，易地则皆然。

慈、孝、仁、敬、信五德，皆发源于人心，即人性。心同则理同，性同则德同。分虽殊，理则一。亦可云德虽殊，性则一。

人心与生俱来，其大原出自天，即性。故人文修养之终极造诣，则达于天人之合一。

人之处家，便可教慈教孝。处国及人群任何一机构中，便可教仁教敬。人与人相交接，便可以教信。故中国传统文化精神，乃一切寄托在人生实务上，在人生实务之道德修养上，在教育意义上。

中国文化之终极理想，则全人生变为一孝、慈、仁、敬、信之人生，全社会变为一孝、慈、仁、敬、信之社会。天下则是一孝、慈、仁、敬、信之天下，宇宙亦如一孝、慈、仁、敬、信之宇宙。此唯人文中心、道德精神之弥纶贯彻，乃始能达到此境界，完成此理想。

今天的中国，似乎已是礼乐衰微，仁道不兴。但"礼失而求诸野"，"为仁由己"，在家庭，在社会，依然仍有其文化大传统可寻。而其主要责任，则仍在现代中国的知识分子，能知、能信、能守、能行。道在迩而求诸远，孔子曰："未之思也，夫何远之有。"复兴中国，其道只近在眼前。

顾亭林言："有亡国，有亡天下。天下兴亡，匹夫有责。"苟非深切明白到中国传统文化之体系与精神，便不能明白到亭林此番所言之深情与至理。

孟子曰："待文王而后兴者，庶民也。豪杰之士，虽无文王犹兴。"今天的中国，则正贵有豪杰之士之兴起，来兴民，来兴国，来兴天下。

讲演辞

第一篇　绪论

一

诸位先生：今天我来讲的题目是"民族与文化"。这个题目，可说是有关国防方面最大的一个题目。为什么呢？我们拿现代这一个世界来讲，我们不能否认这是由西方人发现，也可以说是由西方人主宰着的。但是西方人到二十世纪开头，内部就已发生了破裂。经过了第一次世界大战，在将结束时，美国总统威尔逊提出一个"民族自决"的口号，这可以说就是旧历史与新历史的一个转折点。

怎样叫做"民族自决"？最近几世纪以来，西方人的"帝国主义"和"殖民政策"正盛行。他们抱着一种所谓民族的优越感，认为只有白种人是优秀的民族。其他民族，不是野蛮就是半开化。这许多野蛮人或半开化人，照理该由优秀民族来管、教。他们的管理，就凭军事。他们的教育，就凭宗教，耶稣与上帝。这种观念，在他们不觉有什么不合理。而循此向前，大家就拼命来争取殖民地。由于争取殖民地，而形成了第一次世界大战。可是在这个大战中，除了欧洲诸国以外，还有许多来自亚洲、非洲各地的所谓野蛮人或半开化人，也加入了战争。这可说明，欧洲的帝国主义，虽其存心在灭人国家，甚至灭人种族，可是亡了国的固然多，灭种的究竟少。国家是不存在了，民族还是存在着。只要有历史、有文化，这一民族是消灭不了的。

怎样叫做"民族"呢？我们很简单地可以说，只要他们的生活习惯、信仰对象、艺术爱好、思想方式各有不同，就可以叫做"异民族"。这种不同，便是文化的不同。由于文化不同，就形成了民族不同。欧洲人经过几百年帝国主义的殖民政策以后，或许在他们内心里，也渐渐感觉到有所谓相异民族与相异文化的存在。因此才有"民族自决"的口号提出来。既然是一个民族，他们的政治和社会，就该有一个自治自决的权利。从这个口号提出以后，现在不到五十年，我们只要看大英帝国变成了联合王国，这就是历史大转变一个显明的例子了。我们这样讲法，就已从"民族"二字同时讲到"文化"二字。我们认识一个民族，就是认识了一个文化。

在第一次世界大战时，有一位德国学者斯宾格勒，写了一本书，名《西方之没落》。这书是战前的稿子，战后才出版。这本书在欧洲当时发生了很大影响，可惜我们中国还没有译本。他认为文化也有一种生、老、病、死的过程。同时他认为西方文化到了现阶段，已经是一个没落的阶段，就要走到死亡的边缘上去。这是西方人开始对他们的文化发生了不自信和悲观的一个看法。他们对自己的文化失去自信，发生悲观，同时也就慢慢看到对方的、别人的文化。这本书虽然是一本私人著作，然而也可以看出西方人内心的转变。因此从第一次世界大战到现在的世界新趋势，我们不妨提出两句话，第一是"民族共存"，第二是"文化交流"。世界上既有不同的民族，有不同的文化，不同的民族只能求其共存，不同的文化只能求其交流。这是历史的大趋势。现代史已经走上了这个方向，因此才有所谓"联合国"。联合国的旨趣，也就是要求民族共存和文化交流的。或许好多人并不这样讲，然而事情早已在那里这样表现了。

二

在这个世界大潮流之下，另有一股潮流，就是共产主义。共产主义也称为马列主义。所谓马列就是马克思和列宁。马克思的一套历史观，是渊源于德国黑格尔历史哲学这个系统的。黑格尔在西方学术界负有很高的声望，被认为是一个了不起的哲学家。由我看来，西方哲学，可说向来都是悬空的。黑格尔的历史哲学，才从悬空的哲学落实到人类历史上来。凭这一点，他在西方思想界应该有他了不起的贡献了。但我们中国人一向走平实的路，一向喜欢脚踏实地，并不看重悬空的理论。因此我们看黑格尔的历史哲学，毛病还是很大。中国人是从历史来讲出一套哲学的，并不是先有了一套哲学用来写成历史、解释历史的。

黑格尔的哲学我们暂不论，他讲历史却可谓荒唐已极。

他认为世界人类最优秀的是日耳曼民族。世界文化演进，最低级在东方，因太阳由东方转到西方，所以文化也从中国开始。中国最不行，慢慢走到印度，到希腊，到罗马，再到日耳曼民族，这才是到了登峰造极的地位。这种说法，一个国民学校的小学生也该知道是讲不通的。然而在西方，不仅德国人崇拜黑格尔，英、法诸国人大家都崇拜黑格尔。为什么呢？我想黑格尔所讲日耳曼民族最优秀，其他虽不是日耳曼民族，至少总同是欧洲人。日耳曼民族是最优秀的，也就无异说欧洲人是最优秀的。人类文化演进到最高一个阶段，就是他们欧洲人，这是当时欧洲人一个共同的见解。到今天，已经不这样了。

从黑格尔到马克思，又进了一步。马克思好像是从历史来讲哲学，不从哲学来讲历史。那比黑格尔要高明些。在马克思的时代，十九世纪，正是自然科学独霸一时。当时欧洲人都认为，自然科学就可以解决人类一切问题。马克思的历史哲学，自称是一种"科学的历史哲学"。所谓科学，只能有一个真，不能有两个真。二加二等于四，不可能等于三，或等于五，以一概万，没有例外，这才是合乎科学的。而马克思本身是一个犹太人，犹太民族是全世界民族中最特别的。有犹太人、犹太社会，但无犹太国，犹太人流亡散处在世界各地，因此马克思的哲学里，不讲到民族相异、文化相异，却和耶稣一样，只讲天下人生活的一般性、大同性，这才产生了他的"唯物"的哲学。他看历史，是共同的、必然的，只有一条线。他从社会形态来讲历史，从"奴隶社会"变成"封建社会",从"封建社会"变成"资本主义社会",从"资本主义社会"再变成"共产主义社会",只有这一条线。这个讲法,比黑格尔的"正反合"似乎更落实些。黑格尔是在讲哲学,马克思是来讲历史了。

照马克思讲法,人类历史,古今中外,都逃不了这个进程,这个变化。所以他不须讲国家,不须讲民族,只要讲"社会",社会只有这几个阶段几个形态。如果你讲生活习惯、宗教信仰、艺术爱好、思想方法,这一切一切,我们讲的所谓文化,他说这是跟着经济条件、生产方式而变的,经济条件、生产方式是最根本的。他把经济条件、生产方式和社会形态二者配合起来,因此在他的看法中,全世界人,无所谓白种、黄种,也无所谓日耳曼民族、其他民族。他没有这种分法。他只说,这个社会是"资本主义的社会",抑是"封建社会"。这人是属于"资产阶级",抑是"无产阶级"。他对古今中外整部历史,都拿这眼光来看,所以他认为没有一个社会会没有阶级。他不是说这人是在某民族、某文化之下,而说这人是在某个社会、某个阶级之下,他的历史观因此可说是"世界性"的。在这种观点之下,绝对是要来一个世界革命的。

今天赫鲁晓夫说,"两种政治制度可以和平共存,可是将来最后定是共产主义的世界"。这番话,在共产主义的立场上,在信仰共产主义的人的心中,那是一点也不错的,他应该有这样的一个看法。

在我们自由世界讲历史,其中有不同的民族,有不同的文化，这是我们的历史观。我们要问一句，既无相异民族之存在，又无相异文化之存在，今天的所谓"联合国"，又有什么意义？又怎样能有一个和平共存的可能？

我们必然该承认各自有一个国防，但国家的主要因素在民族。今天的国家，由于历史的大潮流所趋，已经到了"民族国家"的时代。以前帝国主义殖民政策下的国家，如大英帝国、大日本帝国等都垮了。我们所认为的国家，主要应从民族来。

在马克思以后有俄国人列宁，他是第一个由无产阶级起来抓到政权的。列宁又在马克思"阶级斗争"的口号之外，加上一句"打倒帝国主义"的口号。这一句口号是从列宁开头，不是从马克思开头的，这就使列宁有资格和马克思并列了。

上面我们讲过，世界的大潮流，从第一次世界大战以后，民族自决的时代抬头，帝国主义殖民政策的时代已经没落了，而共产主义这一股潮流，则正是凭借与利用了这个历史大潮流大趋势而存在、而发展。打倒帝国主义正是今天的大潮流，正是此下新历史的大正统。在帝国主义殖民政策之下，不容许有民族自决，这仍是不承认有平等和不同文化之存在的。到了第二次世界大战，苏维埃快要垮台了，那时的斯大林所提出来宣扬而凭之以抵抗德国的，也还是民族主义。

三

现在说到我们中国。此两世纪以来,虽未如波兰、印度般把国家亡了,可是我们国家的地位,正是孙中山先生所讲的,属于一种"次殖民地"的地位,有些处更不如殖民地。今天我们在自由世界新潮流之下,有权来要求国家之生存与独立、自由与平等。但我们的立场究竟在哪里?这不能不提起我们的"民族"与"文化"这两个口号来。倘使我们不自承认我们有这样一套自己的文化,那就无异于不自承认我们有这样一个该独立自由的民族了。

从前讲政治学的人,他们说国家由三个要素构成,即"土地""人民""主权"。其实此说有说不通处。今天世界各国一般的宪法都说主权在民众,有此土、有此人,更该自有权力形成一国家。

我们当知,单凭权力或主权成立的国家,今天已经落伍了。今天不再是在权力上该有此国家,该是在文化上、民族上有此国家了。而民族的国家,应该就是文化的国家。我们当知权力的国家是霸道的,文化的国家是王道的。因此我们要求存在于此二十世纪的历史新潮流之下,我们该注重"民族"与"文化"的两观念,所谓"民族共存""文化交流",这才是我们此后立国的基本所在。倘使我们并无这样一套文化,我们也就根本不能形成为这样一个民族,我们也就没有向世界人类要求自主自决的立场与价值。因此所谓"民族自决",一定要从存在于民族背后的文化传统来出发。

在今天，我们说，我们是一个"自由世界"，然而我们所说的"自由"，却不能单指个人自由言。当知每一个人根本不可能独立完成为一个人。我们是在某一个民族、某一个文化系统之下，而完成其为一人的。我们是在某一社会、某一家庭之下，而完成其为一人的。我们又可说是在某一段历史进程中，在某一个时代的共同背景中，而完成其为一人的。鲁滨逊漂流荒岛，鲁滨逊当时确是成为一个"个人"了。但我们可以想象，鲁滨逊之到荒岛，不是他一个个人光身去到荒岛的，他还是随身带着他的民族文化的一部分而去的。若照马克思讲法，鲁滨逊也还脱不了某个社会形态之下的某种阶级意识而到那荒岛去的。因此我们今天所争，并不是争各个个人的自由。我们也并不是说个人自由要不得，然而自由则更有其大者。

今天我们这一个国家，我们的问题所在，不是在个人的有无"自由"这一问题上，而是在"民族"与"文化"的问题上。贤者识其大者，不贤者识其小者。在今天二十世纪这一个新历史大潮流之下，我们还是来讲个人自由，至少是不贤者之识小，而抹杀了时代的大问题。我们今天，要能"发扬民族意识""发扬文化精神"，才始是今天的立国之道，这才是能见其大。这样的人，才可以叫做为贤人。能领导民族，能发扬文化，这样的人，才是今天的大贤大圣人。现代中国史上，能担得起此一大任的，便只有孙中山先生。

因此我认为"民族与文化"这一个题目，该是研究国防中的一个最高最大的题目。一个国家的基础，便是建立在其民族与其传统文化上。这是现在二十世纪的新真理。当然再过几世纪以后，文化交流获得新成就，世界逐渐融成一种新文化，或许异文化的界线泯灭了，异民族的界线也会泯灭。那时或将根本不需要再有国家分别，这也并非不可能。但这是将来的事，在我们今天而来研究国防问题，最中心最基本的，还该是民族与文化的问题。

第二篇　中华民族之成长与发展

第一章　中华民族之本质

一

讲到"民族"与"文化",这两观念,通常就有很多不同的说法。此刻只据本人个人意见讲,文化只是"人类集体生活"之总称,文化必有一主体,此主体即民族。如果我们说民族创造了文化,但民族亦由文化而融成。照此说来,亦可谓"文化"与"民族"是一而二、二而一的。那么究竟是民族先创造了文化,还是文化先融凝了民族呢?那就等于说先有鸡还是先有蛋,这个问题,我们可以暂不去追求。但有一点值得我们特别提出的,即是某个民族曾创造了某种文化,而此民族却已在历史上退出了,仅是其所创的文化还保留在世界,由另一个民族来承接下去。因为世界史上常有这样的事实,于是就产生了像德国斯宾格勒文化悲观的论调,认为文化也逃不了生、老、病、死的阶段。即在最近,像英国史学家汤恩比,还是逃不了抱持一种文化悲观的论调,他认为人类文化到达了某个阶段,必然会僵化。

这种讲法,由我们东方人看来总不易信。因为中国至少已有四千年的历史记载,而其民族与文化之存在,则绝不止四千年,这显然是一个事实,似乎中国文化是可以长生不老的。可是西方人也不易承认此事实,他们爱说中国文化到战国以后,秦代开始,已经僵化了,不再进步了。或者说中国文化从唐代开始,已经是第二期的新文化创始,而到现在又完了。这些可说是西方人戴上着色眼镜来看东方文化,故而脱不了他们那套悲观的看法。

我们今天以东方人立场,来讨论人类文化,我们认为文化可以有两种不同的体系。一种是某一个民族创造了某一种文化,而这个民族忽然中途夭亡了。最显著的,如希腊、如罗马皆是。另一种,像我们中国,不仅由中国人来创造了这一套中国文化,而又由这一套中国文化来继续创造中国人。因此到了今天,中国人仍占世界上人口最多的比数。

不仅古代的希腊文化、罗马文化不能把希腊人、罗马人扩大而绵延,即如今天的法国人、英国人一样依然有不能扩大、不能绵延之隐忧。换言之,他们可能扩大他们的"国家",却不能扩大他们的"民族"。即如英国只有三个岛,英格兰与苏格兰及爱尔兰。他们的大英帝国几乎可以控制全世界,但始终不能把自身三岛融合为一。这是什么道理呢?从他们的根源上探讨,这还是"文化"的问题。我们认为西方文化可以使他们的民族"向外伸展",却不能使他们的民族"向内融凝"。我们可以说中国文化之伟大处则正在这上面。孔子以前,中国人创造了中国文化。孔子以后,则中国文化又再创造了中国人。全世界更没有另一民族另一文化,可以和此相比,这是中国的文化力量。

这并不是我们故意夸大,这是根据着历史来讲哲学,有真凭实据的,并不是凭空立说的。这是我们今天根据全世界人类历史之经过,来相互比较,而来定此文化价值的。这就是我们中华民族之特质,也就是我们中华文化之特征。

二

在中国历史过程中,和西方有一个很大的不同点,便是中国人的"民族观",似乎很淡漠,而且又特别。我们读西方史,不论希腊、罗马,乃及近代欧洲各国的历史,他们对于民族的界线,分划得清清楚楚。读中国古代史,好像伏羲、神农、黄帝、尧、舜,一线相承,同是中国人。究竟我们中国民族开始是什么一回事,我们已弄不清楚了。下到春秋时代,当时人心中的民族分野,有些处显然值得我们注意。当时中国人自称"华夏",异民族被称为"蛮夷戎狄"。但蛮夷戎狄同华夏,是不是一种民族界线呢?这就很难讲。近代讲民族的都注重在"血统"分别上,其实世界上并没有一个纯血统的民族,任何一民族都夹杂有异血统。而中国古人则似乎并不拿血统来做民族的界线。那么中国人心目中的民族界线究竟在哪里呢?由中国古人看来,似乎民族界线就在"文化"上。这是中国古人一个极大的创见。中国古人似乎早已看到，将来世界人类演变，必然会有不拿血统做界线，而拿文化做界线的新时代出现。而中国古人则早已抱有如此的看法了。

春秋时晋国献公的正妃称"大戎狐姬"，次妃称"小戎子"，又有一妃称骊姬。中国古代，男子称"氏"，女子称"姓"。氏表示地缘职业关系，住在什么地方，任什么职业，就称什么氏。姓代表血统。狐是今山西省内一地名，住在那里的人称狐氏。此女姓姬，则代表她的血统。因此我们就可借以证明，山西狐氏是和周朝人同一血统的。照现代人观念，同一血统，当然是同一民族。然而当时人称她为"大戎"，就不像是同一民族了。又譬如骊姬，骊是山名，住在那里的人就是骊氏。骊姬是那个集团里的一女子。她亦姓姬，亦就和周朝人同一血统了。照理应该是和周人同一民族，然而当时人又称此族为"骊戎"。小戎子，子和商代同姓，但也被称为"戎"了。

当时人还有一观念，认为"同姓相婚，其生不蕃"。这是说同一血统的男女互通婚姻，生下的小孩便不易长大。晋国姬姓，是周室的宗亲，狐家实与同一血统。狐家的女子嫁给晋献公，生了几个孩子，晋文公便是其中的一个。在他未得国以前，称公子重耳。重耳出亡在外，那时他已经有四十多岁，流亡十九年回到晋国，已经是六十多岁的人了，当时人认为是一种异征。因为他父母同一血统，而能长大到六十多岁，这像是天意要他做一番大事业。

即从这一例证，便知中国古人的民族观念，不拿血统分,而拿文化分。为什么叫大戎、小戎、骊戎?因他们的文化和周天子与晋室不同。什么叫文化?就是指他们的日常生活,吃饭、穿衣、一切方式,乃至宗教信仰等,有不同。孔子说:"微管仲,吾其被发左衽矣。"头发装束不同,衣服体制不同,这就变成为蛮夷人了。管仲尊王攘夷,"夷"是一种文化的界限,不是一种血统的转变。因此后人讲春秋,亦谓:"诸夏而夷狄,则夷狄之。夷狄而进于诸夏,则诸夏之。"可见中国古代人观念中的民族界线,是在文化上。只要是同文化,便成为同民族。异文化,也就是异民族。

"民族"二字,中国古书上没有,今天我们只是拿西方名词来用。语言文字便可代表人们的观念。中国古人本没有"民族"这名词。现代我们同西方人接触了,西方人有他们的极鲜明极强烈的民族观念,我们回头来读中国书,才知中国古人并没有这样的观念;至少中国人的民族观和西方人不同。中国人注重在文化上,西方人注重在血统上。若我们也照西方人观念,要问中国古代究竟有多少相异的血统来混合成为后来的中国人,那就不易细讲了。据我想,我们只从中国古代历史记载有多少个姓传下来,约略可知当时他们中间血统之异同。至于后来历史上的中国人,那就更难讲。因为我们定要拿近代西方人的名词,来讲古代中国人的观念,中间是很有隔膜,不易相通的。

今天我们所讲,则只说中国人一向对于"民族"这一观念是偏重在文化上,和西方看法有不同。因此西方人写历史,一定要详细指出这一民族从哪里来,到哪里去,他们共分几支，一一写得清清楚楚。而中国人写中国历史，却浑然只当同是中国人，不再细分了。这不是中国人头脑不科学，只是中国人的文化体系和西方人不同。

三

"文化"二字，也是从西洋名词中翻译过来的。西方人的民族观念，很早就有了。但他们的文化观念，却是近几百年才有的。文化又称为"文明"。这两个名词的定义，实在很难分析得清楚。大概我们译西文civilization为"文明"，译西文culture为"文化"。在西方大概是先有civilization这个字，以后才有culture这个字。civilization这个字，大概开始使用于英国，英国是近代新工业开始的国家。这个字的意义，像是指城市生活而言。如这里有了电灯，传播到旁的城市，他们也装了电灯。这里有了自来水，传播到另一城市，他们也装了自来水。这里有电话，慢慢地他们也有了电话。这种新的生活方面的东西，从这个地方传播到那个地方，这是一种物质文明，就是所谓civilization。英国人自己认为当时他们的现代生活，逐渐向外传播，引以为荣，而创用了这个字。

德国在近代史上，比英国稍落后。英国已很像样了，德国还没有成为一个国家，只有普鲁士和许多日耳曼小诸侯。但他们也已渐渐有了他们自己的一套生活方式和生活理想，后来共同成为一德国。他们不大愿意采用英国人civilization这个字。因为他们一切的物质文明落在后，而英国则起在先，一切从英国传播到德国。德国人要表显自己的成绩，就另创一个字，即culture。civilization的字源，是指城市商业的。而culture的字源，则是指田野农业的。农业耕种须从自己土地上生产。德国人认为文化是该由自己国土上生长，不是可从外面流播进来的。这个字的创造，也就是德国人自己在国际上争取民族文化地位的一个内心表现。这两个字，后来都变成为西方语言中普遍使用的字了。

直到今天，什么叫文化，什么叫文明，有人加以区别，有人不加以区别，随所喜欢而使用。这些我们不再去仔细讲。在我们中国，早先看见他们用civilization，我们翻译为"文明"。前清时代，便有文明戏、文明结婚等种种话头，又常说文明人与野蛮人。到了后来，我们又注意到culture这个字，译为"文化"，于是就有所谓文化人、文化界、新文化运动等种种话头了。

其实civilization和culture这两个字，都是很近代才有的，所以可说是他们西方人很近代才有的观念。但我们拿中国古代早就原有的"文化""文明"二字来翻译，却是很有意义的。我们《易经》上有所谓"观乎人文，以化成天下"的话，所谓"观乎人文"，"文"是指的什么呢？简单讲，文就是花样。譬如我们画一条横线，一条直线，一纵一横，一经一纬，这就成为一个花样，这就是"文"了。又如画一条粗线，又画一条细线，粗细相形，也是一个花样。或者画一条黑线，画一条白线，又是一个花样。人相处，有大人，有小孩，有男人，有女人，就有种种花样。中国古人说，我们看着人相处的种种花样，就可懂得如何把来"化成"一个

"天下"了。即如我们有男人，有女人，男女可以配成夫妇，那就化成了家庭。家庭是社会的开始，所谓"人道造端乎夫妇"。夫妇生了小孩，有老人，有年轻人，就有父子、兄弟。扩而大之，就有亲戚、朋友、乡党、邻里，这就造成了社会。再由此造成国家，又再上便造成了天下。所以说"观乎人文，以化成天下"，这是我们中国古人的文化观。

这种文化观，可以说是有体有用的。"人文"就是一个"体"，就是一个客观事实。因为人生是有很多花样，并不是清一色的，有男有女，有老有小，有智有愚，有穷有富，有强有弱，有苦有乐，种种色色，这是人生的花样，即是"人文"。人既然能在此花样百出的人文中相安相处，就拿这个道理放大，就可以"化成天下"。这个天下是个各色人可以相安相处的天下，那便是"文化"的天下了。所以"化成天下"就是"用"。人同人的种种花样，这是一个自然的体，也是一个文化的基础。从这上面来化成天下，这是一个理想世界，这是一个人生最高的文化理想。我们认为这一个理想，并不是一套哲学，而竟是一套科学了。因其是根据着客观事实，照着这个事实慢慢逐渐演进扩大而完成的。人类相处可以终极完成为一个天下。此所谓天下者，就是"天下一家"之天下。

上面我们说到，中国人在古代就已有了一个文化观念，而这个文化观念却和西方的不同。可以说西方人最先只讲"文明"，"文明"两字已是西方近代的观念。像我这里有电灯，你学了，你那里也可以装电灯。我这里有自来水，你学了,你那里也可以装自来水。因此我们这里是开化的、文明的,你们那里则是半开化的、野蛮的。你们那里的文明是我们这里传播过去的。后来他们始有"文化"的观念继起,文化是自己生长的。譬如我们懂得拍电影,也可教别人,但这只是一种文明。因中国人拍电影,另有一套情味,如编剧、导演、演员的表情等,使各地所拍电影,各有不同,这该叫是"文化"。文化是有各民族的传统个性在内的。

现在再讲"文明"二字。此二字出在《小戴记》,所谓"情深而文明"。中国古人讲文,有所谓天文、地文、人文。如日月星辰,四时运转,这是"天文";如高山深谷,水流山峙,这是"地文";如男女老幼,智愚强弱,这是"人文"。"文"字含义如此。但如何叫"情深而文明"呢?文是条理,是花样,是色彩。若使其条理很清晰,花样色彩很鲜明、很光亮,这就是"明"了。一男一女配成夫妇,倘使这对夫妇相互间的情不深,马马虎虎,那对夫妇便像灰色的,甚至是黑暗的。所以说情不深便文不明。若使这对夫妇的爱情深了,夫显得更像夫,妻显得更像妻,那就是"情深而文明"了。我觉得在中国古人观念里,这"文明"二字,也是很有意义的。

四

我们读古书,便读到了古人的观念。当知天下一切事,也不过从几个观念里产出。世界人类文化之演进,以及各项科学的发展,最先都从人心中几个观念来。我上面所讲,只是想从中国古人所用的几个字面上来讲出中国古人的几个观念。

我们当知,人的观念是有很大作用的。中国古人之所谓"人文",在此一观念中,便可包容人类生活的种种花样,又消融了其间可有的种种壁障。譬如说,男女相处是人文,老幼相处是人文,当然中国人与外国人相处也是人文。异民族同在一起生活,这就在生活上多添了些花样,多增了些条理。当时中国人忽然遇见了匈奴人,中国人心里,并不认为华夏民族和蒙古民族血统不同,相互间必然要斗争,甚至于不两立。只要能从文化上用功夫调和合一就得了。在中国古人的文化观念里,早就存有了我们今天所提出的所谓"民族共存""文化交流"的意识了。人与人总可相安相处,推至于全世界人也可以相安相处。中国人的观念中,可说是从我们个人,直到全天下全人类,是可以一以贯之的。所以有"中国一人,天下一家"的说法。这是说整个民族只如一个人,异民族相处,整个世界只如一个家。

在这里,中国古人只此"人"字的一观念里,已轻易地把"民族"和"国家"两个观念消融了。已轻易地越过了民族和国家的两道障碍线,而直进到"天下"观念中去了。中国人并非没有民族观和国家观,不过民族和国家在中国人看来,都不是终极的,而仅是在过程中的。中国人所谓修身、齐家、治国、平天下,"家"与"国"仅是中间的两阶层。直从"个人"到"天下",全可融凝合一。这是中国的文化理想,也是中国的文化精神。在这样一种文化理想、文化精神之下，民族观念就不会很坚强、很鲜明。

我本想讲完了中国民族，再讲中国文化。可是这中间很难分得清，所以在讲民族时就已连带讲到了文化。这是中国人很古就有的一种文化观念，正因中国人一开始就抱有这观念，所以中国的文化可以永远扩大。民族可以共存，文化可以交流，慢慢地就化出新的民族、新的文化来。我们看春秋战国的历史，就可证明中国古代人早就努力于这一工作了。当然在当时，显然有许多不同的民族的。如春秋时代之楚，中国人就不当他们是同一民族的。战国时代的秦，中国人也不当他们是同一民族的。当时都称他们是"蛮"、是"戎"。到了秦汉统一，中国就是一个中国，秦人、楚人全成为中国人，这就是文化扩大、民族融凝了。

普通我们讲秦代统一是靠"远交近攻"的外交和军事。实际上这很难讲。因在战国时，那些国家，如卫国，建国的历史，比现在的英国还长。其他如宋、如燕、如楚，至少也都有八百年历史。短的如赵、韩、魏，这是由晋国分出来的，也都有三百年历史，比现在美国的历史还要久，比现在的德国、意大利也要久。我们拿现代人的观念来讲当时秦代的统一，这真不是件易事。在现代科学发达，有原子弹、氢弹，但世界分裂愈甚。近几百年来，西方的帝国主义和殖民政策，并没有把他们的殖民地融凝成一个新民族，开展成一种新文化，造成为一个新天下。可是中国到了秦代统一，就已是所谓"车同轨、书同文、行同伦"，把整个中国化成了。"车同轨"还容易，"书同文"的问题就大了，"行同伦"就更麻烦,这才见中国人的文化理想和文化精神。

现在有许多人习称秦汉统一为秦帝国和汉帝国。其实这个称呼我们绝不该随便用。罗马始是一帝国。罗马人征服了希腊、埃及、波斯,但罗马人还是罗马人,希腊、埃及、波斯人还是希腊、埃及、波斯人。罗马人打到了法国、英国,只是侵犯到那些地方,征服了,统制了,罗马所以称帝国者在此。近代欧洲的帝国主义,就是接受了罗马文化的传统。至于中国秦汉时代之统一,并没有这样的形势。汉朝人打天下,并不是说江苏人打倒了陕西人。即说秦代统一,秦始皇帝所用的宰相并不是秦国人,所用的大将军也不是秦国人。李斯是楚国人,蒙恬是齐国人。秦始皇帝的儿子,也同在军中服役。秦始皇帝受尽后人唾骂,但当时中国的政治,早就进步了,文化理想早在"化成天下"的途程上逐步进趋了。这不是我们有意地夸大。当知人类一切进步,决定在其最先的观念上。观念不同,便出发点变了。出发点变了,便一切也都变了。人类的一切创造,主要在其观念上,其他的进程很简单,自然会水到渠成的。

五

照上面的讲法,中国到秦汉统一,已经就是一个"民族国家"了,只要在中国这个疆土之内的,就全成为中国人。所谓中国人者,就是同在一个中国文化中陶冶而成的。"车同轨、书同文、行同伦",就是同一文化。

我们当知,西方古代有希腊人,有希腊文化,而并无希腊国，这就是希腊文化不能同中国文化相比的地方，后来有罗马人，有罗马文化，有罗马国。然而所谓罗马国者，其实限于罗马一个城。他们征服了意大利，征服了地中海，成为一个帝国，罗马只是一个征服外围的中心。在中国历史上则并无帝国出现，秦、汉、隋、唐、宋、明都不是帝国。今天我们随便拿西方人所有的"帝国"观念用到中国历史上来，这是极大的错误。这等于说"专制"和"封建"等。中国政治并无专制，而我们偏要把西方的"专制"二字用在中国历史上。中国社会并无封建，而我们偏要把西方的"封建"二字用在中国社会上。

今天中国人种种思想观念的冲突，其实有许多只是语言文字上的过失。我们拿西方人的观念译成为中文，而一时又装不进中国人的脑子里去，旧有的与新来的双方起了冲突，而我们并未自觉到。所谓"专制政治""封建社会""帝国政府"等这些名词，都是从西洋翻译来的，而硬装进到中国历史上去。我们就被这些名词混淆，把自己的观念愈搞愈糊涂了。

第二章　中国社会之形成

一

我们上面讲中国文化抱有一个"化成天下"的理想，在这个文化理想中，就出现秦汉统一的局面来。当然秦汉统一了中国，罗马也统一了欧洲。但是这里面重要的不同点，却不在政府而在于社会。在中国统一政府之下，是一个中国社会。在罗马统一政府之下，则并不是一个罗马社会，同时还有埃及社会、希腊社会种种不同社会之存在。上层是统制者，下层有各式各样的社会被统制。我们此刻所应注意者，不在当时政权之如何统一，而在当时社会之如何融凝、发展，和合到一个同一形式上去。

近来我们讲中国文化，大家爱从哲学思想上讲，我认为这是不妥当的。文化有一个客观的事实存在在那里，我们讲文化该针对此事实，不该只拿一套思想或理论来做平衡。我上面说过，我们该从历史来讲哲学，不该从哲学来讲历史。同样道理，我们讲中国文化，应该有两个重要之点。一是从中国"历史"讲，一是从中国"社会"讲。这都是具体客观的事实。这才能讲出中国文化之真相来。

从历史看,各时期的社会,不断地有着变化。从社会看,眼前的社会也不是顷刻间偶然形成的,我们应当注意它从来的历史。社会并不是一个平面的。譬如一个园林,这里面有几天产生出来的草,有几月开放出来的花,也有几十几百年长出来的树木。在同一空间里,包孕着种种不同的时间。社会的形形色色,亦复如此。有些是新兴的,有些是旧传的。社会便是一个历史的结晶。已往的历史,汇成了眼前的社会。所以我们讲中国文化,应该着眼在这两个客观具体的事实上,即从"历史"和"社会"来认识中国文化,始是客观的、具体的,而并不是从某项理论或个人的哲学思想所能推测想象的。

二

现在我们讲中国社会是怎样组织的?此处用"组织"二字,也是新起的,从西方传入的一个新观念。更恰当些,不如说是怎样形成的。这个问题,我们又得先从观念方面来讲。西方人讲社会,常拿"个人"与"社会"分作两观念来互相对立。也有人说,西方历史就是这两个观念交替变动的历史,某些时期是个人观念站在社会观念的上风,某些时期又是个人观念站到社会观念之下风了。拿今天情形来讲,我们也可说,自由民主世界比较看重个人自由,而共产世界则比较着重社会群体组织,这就是他们所称的大众了。

可是"个人"二字,中国从前没有,"社会"二字,中国从前也没有。因此我们可以说,从前中国人对这两个观念，也是淡漠的，不显明的，亦可说是不存在的。以前严又陵译英国穆勒·约翰的《自由论》，他译为《群己权界论》。他用"群"字来代替"社会"，用"己"字来代替"个人"。"群""己"二字是中国原有的，也可说这是中国人本有的观念。群和己同属人，而不见相对立。中国社会，常说是"造端乎夫妇"，从夫妇而有父子、有家庭。所谓修身、齐家、治国、平天下，拿今天的话来讲，家庭即是一社会，国家也是一社会，天下也还仍是一社会。中国人观念，还是从人到天下一以贯之，因此不认为"社会"是可以与人做分别而存在的一体。换言之，中国是以"人"的观念来消融了"个人"和"社会"对立的两观念。家庭、国家、天下，在中国人观念中，无宁仍只是人与人相处，绝没有一种互相对立的观念。

　　一切社会之形成，在中国人认为有一重要元素，即是"道"。所谓"道"者，则只是人与人相处之道，亦即是人人共行的一条路。若说人人共行，便与现代西方人所称"自由"二字义有分歧。我想这个"道"字，比较很近于近代我们所讲的"文化"二字。不过现代西方人讲文化所指是现实的，如我们说西方文化、东方文化等，那都是具体而现实的。而中国人所讲的"道"字，则不仅是一个具体存在的现实，而还包括一个向前行进的价值和理想在里面。西方人思想，总喜欢把事事物物一件一件分开讲，分析得清清楚楚，再用来互相比较。因此他们认为事实是事实，理想是理想，不易相混淆。中国人思想则不大喜欢太分析，毛病是笼统，长处在综合。因此我们中国人一向讲的那个"道"字，虽说很近于今天西方人所讲的"文化"二字，但"道"字是既属具体，而又另寓有一种向前行进的理想和价值在里面的。

中国人观念中有"天道"，有"人道"。所谓人，所指是很笼统综括的。如说中国人、英国人、美国人，同样是一人。这个"人"字的观念，在中国文化观念中是非常重要的。我们不喜叫什么民族，如英国民族、中国民族等。若用"民族"二字，便见中间有隔阂；若单用一个"人"字，便不见隔阂了。如说中国人、英国人，便只都是人，不见有隔阂。我们只在日常所用的语言文字中，便可了解他们的内心观念。这个"人"字，中国人几千年来沿用到如今，在我们平常讲这个"人"字时，那一共通和合的观念，便附在我们的心头，根深蒂固，拔不掉，洗不干净了。而我们自己则习以为常，并不清楚地意识到。现在再拿外面其他民族的观念夹进来，我们就会感得模糊了。

我们这一百年来走了种种错路，使我们惶惑迷惘，进退失据，原因都在这些观念上。我们把西方话同中国话夹杂在一起，把西方人的想法同中国人的想法夹杂在一起，一时分别不清，就易出毛病。即如我上面所说，中国人一向看重道统与文化，其意义与价值更在其看重血统和民族之上。近代中国人，便为此所误，看重西方人，崇拜西方人，把自己祖先传统看成一文不值。而实则西方人是看重民族血统，更过于其看重文化道统的。我们愈自谦恭，他们愈自骄傲了，更把我们看得一文不值。这不是当前的实际情况吗？

倘使我们能拿中国人原有的想法一起洗刷了，从来就读英文，不许认一个中国字，不许讲一句中国话，这样便可比较容易接受西方化。但你又不能纵身跳在中国社会之外，仍得跑进中国社会来，则便仍有更多麻烦了。即如"个人"与"社会"，这两个名词，我们今天常常讲，而这个"人"字在中国人脑筋里久已发生了很大的影响。其实这两观念，是有很大不同的。中国人所谓"人道"，就是一种人与人相处的道。家庭、国家与天下，同样是人与人相处，这在中国人的观念之内是可以一以贯之的。人与人相处，总有一条路可以走得通，这路或者这个道，具体的另拿一个字来讲，就是"仁"。人与人之间，相处而得其道，这就是"仁道"。仁者，人相偶，这便是两个人成一对偶了。

前面我们讲过，一条粗线和一条细线，或者一条直线和一条横线，这都叫"文"。两个人相处，这就是"人文"。有文便有条理，有了条理便有"道"。这个道，中国人称之为"仁"。仁是发于人心的，因此这个仁道与仁心，也就是人的心。我们两个人相处，你了解我，我了解你，大家处得很舒服，很愉快，这就是人道。也即是仁道。若有一个人不愉快，不舒服，那就是不仁，即不合人道了。若只照我们中国的道理来讲，似乎很简单。一切道理本于心，出于心，由人心就发展出人道。家庭、国家、天下都在内，又哪有个人和社会间的对立呢？

可是我们又不能拿西方人的哲学来说中国这套思想就是"唯心论"。我们不能把中西方思想模糊混合在一起。因为西方人所讲，他常是把自己自身站在一边，来看外面这个世界的。于是有所谓宇宙的本质原始是一个"心"或者是一个"物"的争辩，这是他们的哲学。中国人则把人自身装进人群乃及宇宙里面去，把知识和行为打成一片来讲。你有心，他也有心，人心相似，双方调合，通得过就好了。因此中国人所讲的，并不像西方人般成为某一套哲学，既非唯心论，又非唯物论，根本不相干。这个外面世界究竟是什么？它是怎样来的？将来会到哪里去？它的本质是什么？这些讨论，不仅成为西方的哲学，即就如西方的宗教和科学，也都从这样讨论里面产生。而中国人只说我们处世该走一条什么路，双方问题不同。我们的思想，只是要解决眼前自己切身的问题，是落实的，不肯悬空地去想。这就和西方人大大不同了。

西方人的看法和想法，都是喜欢向外的，因此西方社会就特别看重"富"与"强"。富与强都是外面的存在，我们生在这个世界，就是为了要富，而且又要强。但富强无止境，富了还可富，强了还可强，如是无限追求，在西方人有所谓"浮士德精神"。德国一个神话里的浮士德，他是永远不满足，无限向前的。帝国主义、资本主义的后面，就有这种精神存在着。即如今天的共产主义也一样，也仍是无限向前的。西方宗教家的传道精神，仍是这样无限向前的。

中国人的社会理想则不同。中国人主要讲"安"与"足"。由中国人看来，也可说近代西方社会是强而不安，富而不足的。富了，永远不满足。强了，永远不安定。今天的美国人，你说他安吗？足吗？前一时期的英国人、法国人，你说他安吗？足吗？他们总是感到强而不安，富而不足。为什么呢？就因为他们的精神是向外的。中国人不这样，中国人常主"反而求诸己"，是向内了。因此得了一个"己"字的观念，要安就得安，要足就得足。只在一己的心上求，哪有不得的呢？但这样的社会，亦并不是个人主义的，亦并不是唯心主义的。

我们总不要随便把西方观念同中国观念混起来，我们也该懂得分析，懂得比较。俗话说："不怕不识货，只怕货比货。"两件东西拿来一比，便知其相异在哪里。西方文化和中国文化，有相异处，我们不要轻下褒贬，不要急切地来评判他们的价值高低，我们要先知道他们的相异之点究竟在哪里。这样我们就认识什么是中国文化，什么是西方文化了。

三

因为中国人根据了上述这样一种观念来形成中国社会，所以中国人一向不大看重为个己谋利的经济问题。衣、食、住、行，这是人生的大问题，可是衣、食、住、行的寻谋，不应妨碍了人生之大道。故说："君子谋道不谋食。"讲到政治，中国人说"天生民而作之君、作之师"，政治也是不可缺少的，然而政治也不能妨碍了人生之大道。

中国人所谓人生之大道，就是讲齐家、治国、平天下。这个"治"字，今天我们讲成统制的意义，是错了。"治"字是导水使平，合乎水性的。夏禹治水、导水，是使水沿着一条路，向一个方向走，符合乎水流向平的本性。齐家的"齐"字更是一个平。父子、兄弟、夫妇，相互间都该是一个平。因此我们可以说平家、平国、平天下，一切总求"平"。

有人说中国人讲孝就不平。其实并不然。父慈子孝仍然是平。但要讲做人之道，应该在人人都有一己的分上讲，不该专对一方面人讲。每一人都得做儿子，不能不做儿子就成了人。可是每一人不一定都做了父亲。因此我们讲慈道，便有人没有分。讲孝道，便没有一人不在内。而且我们讲慈道，至少那人该到二十岁上下，结过婚，生了儿子以后才有资格向他讲。到那时始来讲做人之道，岂不太迟了。讲孝道，则一生下就在做儿子，就有分可以向他讲。纵使将来父母死了，但在你心上还有个父母，还是一般的。

而且中国人讲的孝，也并不是从一套哲学一套理论中特地创造出一个孝字来讲的。这个孝字是从人心里的某些具体事实提出来讲的。小孩子对父母总有一点孝心，不能说任何一小孩对父母一点孝心都没有。我们也并不是说人心就是一个孝，只说他总有一点孝心，就该从这一点孝心把来扩大，将来治国、平天下的心也都在内了。因为心是一个的，从这一点可以慢慢扩大到那一点。你做子女懂得孝，做父母自会懂得慈，将来处社会也就会懂得仁。仁也是人的心，此心遇见父母是孝，遇子女便转成慈，遇见朋友又转成信，其实只就是那一个心。这个心从哪里来，那就不得不说是与生俱来的。这都有眼前事实可证。

所以中国人讲人道，是合于科学精神的，因其是拿一个具体事实来讲，你仍可在具体事实上去做试验。家庭就是你的孝的实验室。你试照那套道理去做，试看行得通与行不通，你可自己时时去实验。自家扩大到国，到天下，只是这一个道理，也只是这一个心。也许有人说，我的父母冥顽不灵，叫我怎样去孝呢？我们要知道，事情向外看，有得或有失。若反向自己心上看，则可有得而无失。求富强，是求在外的，有得有不得。求安足，求在心，则有得无失。我们讲孝道，孝就在我心内，所以也是有得无失的。

这个道理再讲进一步，似乎好像有些不近人情了。譬如说饿死吧！中国人会说饿死也心安，岂不有些不近人情吗？但饿死也心安，也是确有此境界的。此只是讲到最后，所谓推理至极的地步。你不能专抓着这一步来批评中国人所讲做人的道理。但若你真到了这一天，真到了这一步，我相信你仍会觉得中国这个道理是对的。就因为这个简单的道理，中国才能形成直到今日一个可久可大的社会。

四

现在再讲希腊文化。它是偏重个人主义的。罗马则是偏重集体主义的。今天的西方，把此两种传统配合在一起，而未获得恰好的调和。有时是希腊精神，有时又是罗马精神，有时则两种精神都混杂着。"个人主义"和"集体主义"，常在西方社会中引生起无穷的反复与争端。照理社会由个人而成立，个人得社会而存在，此两观念不应对立。若把"个人"与"社会"两观念相对立,则此社会绝不得安。

中国人根本没有"个人"与"社会"对立的观念,这是中国一长处。有一天我同一位澳洲人谈话,我说香港人口这样多,澳洲为什么不肯开放,让香港多移些人去。他答复得很坦白,他说中国人很可怕。我说中国人去澳洲,都是些苦力,帮你们开发,仅求温饱,有什么可怕呢?他说中国人当劳工跑到澳洲去,将来他的儿子可以做博士,我们不能在澳洲平添许多中国博士呀!他这话很有理。这也代表了中国的文化精神。自己节衣缩食,刻苦度生,却把全部力量来培植儿子进学校,这在中国人看来,是件寻常事。照西方人观念,儿子长到某个年龄,该独立了,父母不再负责栽培他。这就见双方观念不同。

这并不是说中国人的好,西方人的不好。中国人家里有了几个钱,儿子就可以做寄生虫。外国大富豪的儿子,也还同一般人一样。他们有他们的一套,我们有我们的一套。有一次我在新加坡讲演,我说中国人跑到新加坡,大多数是只身流亡去做苦工,但现在新加坡社会变成中国社会了,这是什么道理?只因每个中国人去新加坡,并非只身去,还带着中国文化一同去。讲得简单一点,他去的时候是一个中国人,去了以后仍是个中国人,中国人到的地方,自会成中国社会。"中国社会""中国人""中国文化",本就是连贯成套的。

如何才叫中国人呢?这比较地难讲。但中国社会则到处都差不多。在历史上,中国人同外族接触也很多。外族跑到中国来，尤其像五胡乱华，辽、金、元、清几时代，他们曾摇动了中国的政治，但并没有摇动得中国的社会。那时我们是亡了国，可是我们没有亡天下。顾亭林曾说："有亡国，有亡天下。"亡国只是亡了政权，亡天下就是亡了人道，亡了自己的文化传统。当时我们虽亡了国，但中国人还存在，中国社会也依然。但那时顾亭林也只说到亡国，并没有说亡天下灭种的话。"亡国灭种"这句话，要到清朝末年民国初年才有许多人来说，这因我们碰到了西方人，才开始感有灭种的害怕。从前人普通想不到灭种这回事。其实亡天下是亡了道，亡了社会，到那时，人是还存在，而社会已不是这样的社会，人生也不是这样的人生了。假使道亡了，中国人这个天下也就算亡了。中国文化已灭，中国人也该算亡了。因此我们说中国文化力量之强，不强在它的政治，而强在它的社会。中国社会之强，也不是强在它的经济与武力，而是强在它有一个道。此即中国人所谓"人伦之道"的道。

中国社会有一个很特殊的地方，就是中国社会主要乃是由人与人之道而形成的。人与人相交有道，乃可不仗法律，不要宗教，而常得相安。西方社会则不然，少不了要一个教堂和一个法堂，少不了要有牧师和律师。中国社会从开始就不要教堂牧师和法堂律师，而可以形成一个绵延长久，扩展广大的社会。这靠什么呢？就靠中国人讲的这个简单观念，就是所谓"人""人心"和"人道"了。

人心、人道，表现在中国社会之各方面。譬如讲建筑，中国人造房子，四面用围墙围起，从大门进去，一家包在里面，这亦是向内的。西洋人造房子，四面开着窗，这显是向外了。中国人的房子可以一所所接过去，相互间不感有冲突。西洋人的房子须得一座座分开。中国人跑进房子，说是他的家，就安心住下了。西洋人跑进房子，还要四面向外看，这是他的堡垒。一个向内，一个向外，正可象征两个文化体系之不同。因其各自向内，反而可以一路路排过去。向外的，便得要排除外面，俾可独立；一所一所房屋，各自分开，愈相远离愈好。你向外，我亦向外，你看着我，我亦看着你，窗子对窗子，似乎各受着压迫，于是中间就定要隔一个距离。这边的天地是我的，那边的天地是你的。天地虽大，却像分裂了。

中国人的建筑，先把自己藏在一个小天地里面，相互间反而可以安，可以和，外面不须再隔离。西方人的建筑，一定要相互有一个距离，可是世界虽大，不可老求相互距离。我们的国防线定要和你们的国防线有一距离，大家要把四围国防线推向远去，这世界又怎能这样大呢？

西方人画一幅画，眼睛看着外面那实物，一笔一笔照着画，他以为如此可以得真，其实这个真并不真。至少此刻的阳光，已不是前一刻的阳光了。中国人作画，他先面对此实物，把此实物看进心里，然后再把心里的画出来。譬如画一山，今天看山，明天看山，或者到山里住多少时，某一天高兴，就画成一幅山。画上的那座山，不是当前面对的那座山，这是那座山跑进他心里面，然后再画出来。中国人和西方人，在心理上向内、向外如此般不同。科学发现似乎定要一种向外精神的。可是人类相处却不能如此，一定要一种各自反求诸己、尽其在我的精神。

五

让我们尽宽容尽和平地讲，今天大陆中共是在推行马列主义的一套哲学，他们认为这一套哲学是可以运用到人生方面的。他们也是向外寻了这一套哲学来实施，也可说他们是接受了西方思想的。西方人常想把他们各自发明的哲学运用到人生方面来，中国人则认为要从人生现实来产生哲学的，不是向外寻得了一套哲学来装入人生的。

我们这样讲，并不是反对西方人讲哲学。西方人讲哲学，常是在讲堂上讲，在书本上讲。各成一个学派，却从来没有人真做了"哲人王"。一旦哲学家拿到政治大权，那就不得了。像柏拉图的"理想国"，岂不是一套出名的哲学吗？他若来做了皇帝，他做的事怕比现在更可怕。他主张一个小孩生下来就要派专家来做主，此孩该当军人，或种田，或其他，等等。人的一生，全不自主。但西方人永远崇拜柏拉图，永远想要有一个理想国，永远羡慕能有一哲人王。今天的列宁、斯大林，他们真来建造了理想国，柏拉图的梦想真实现了。这因西方人讲真理常认为真理在外面，他们要把外面真理安放到人生来。

中国人认为真理在我心，在社会，在人类自身。中国人这样讲真理，并不是运用思想得来的，中国哲学不重"思"而重"观"。所谓"观乎人文，以化成天下"，只如实地观,这是一种科学精神。今天我们还能看到一个中国社会,诸位当对此社会仔细看,不要先存心看不起这社会。我们能看中国社会,就能懂得中国文化。

马克思讲历史,把社会分为奴隶社会、封建社会、资本主义社会、共产主义社会这几种。他这个分法只看重经济,而把旁的方面忽略了。当然用他的话来讲西方历史,也不能说他无所见。他把希腊、罗马的社会叫做"奴隶社会",也不能定说他错。但只用"奴隶社会"四个字,不够说明希腊、罗马的一切,因此这一说法对历史学上贡献并不大。下面他说的封建社会、资本主义社会,这一节,西方人讲历史也不得不接受,这算他是讲对了。所以现在一般西方人讲历史,也只能拿他的话来讲。这是说,中古时期在西方是"封建社会",下面就变成"资本主义的社会"了。但人类历史是否都依照着同一条路线向前呢?

大家要问中国社会,究是一个什么样的社会?有人说是一个"封建社会",有人说是一个"前期资本主义社会"。当然这种讲法并不足以说明中国社会的真象。但有人要反问,既非封建社会,又非资本主义社会,则究竟是什么一个社会呢?

我们亦可说,喜欢创造名词是西方人一个长处,也是他们一短处。人所创的名词,未必对外面事实定会全正确、全恰当。名词创出以后,便好像确有这东西存在,而把自己的观念外在化了。中国人不大喜欢创名词,这也有困难。如讲政治,依照从前法国孟德斯鸠的说法,有君主,有民主,这是所谓国体。有立宪，有专制，这是所谓政体。于是有"君主专制"，有"君主立宪"，有"民主立宪"，这三种不同的政治。他这样分法本不错，但他也是根据他所知道的西洋历史来分析的。若把此分法移到中国来，中国有皇帝，无宪法，又无国会，依他分法，那么当然是"君主专制"了。但实在论，中国的政治，是有皇帝、无国会、无宪法，而又非专制的。那么这该叫做什么政体呢？

西方人这样问，我们一时会回答不出来。这因于中西学术文化交流，我们该根据中国自己实情，仿照他们来创造新名词。他们有一套，我们亦有一套。他们不懂得，我们才有话讲。此刻因我们没有那一套名称，人家说你既非封建社会，又非资本主义社会，那么你究是奴隶社会抑还是共产主义社会呢？你说都不是，他问你们究是什么社会？我们就感到没话讲了。你说中国既非专制，又非民主，有君主，无宪法，你们这套政治叫什么政治呢？我们又没有话讲。因此在历史上创立新名词，这是今天我们学术界一项急切要做的工作，而这番工作是不容易的。我们一大批知识分子读西方书，拿西方的名词观念来看中国，把中国事情硬装进西方观念里去，这个毛病实在太大了。

六

我本人想提出一个新名词来说明中国社会。这个名词西方没有，这正可表现中国社会和西方社会之不同。我想称中国社会为"四民社会"。士、农、工、商，谓之"四民"。

中国社会的特点，就是包括这士、农、工、商四种人。这并非阶级。"阶级"这观念，中国人也没有。士、农、工、商在中国叫"流品"。"流品"这个字，西方也没有。凡属中国有而西方没有的，急切要翻译成一个西洋字，这很困难。把我们固有的名词向他们讲，很难使他们了解。同样道理，西方有的而我们没有，我们也只能生吞活剥。现在许多事情，正因为我们并没有弄清楚他们的，而偏要生吞活剥，拿他们的东西硬往中国人脑筋里塞，这就产生了许多大毛病。即如士、农、工、商中的"士"，这种流品，在西方社会是没有的。士并不就是读书人，也不就是知识分子。要明白"士"这一流品，一定要把中国社会具体而详细地解释，始得会明白。

"封建"二字在中国是原有的，但中国的"封建"二字是讲的政治。譬如周公封建，这是政治上一种制度。古代中国是封建政治，秦以后是郡县政治。这种制度西方人不懂。西方的国家，或是帝国，或是市府，他们所讲的封建，是社会体制，非政治制度。中国人把政治制度上的原有名词来翻译西方人讲社会体制的那一名词，于是就发生了很大的混淆。

中国的封建政治自上而下，是一个整体的。中央政府天子封建诸侯，公、侯、伯、子、男。西方的封建社会是小地主、大地主，由下而上的。到后来法国卢梭的《民约论》，所谓"契约政权"，就是根据着他们的历史即"封建社会"的情况来讲的。实际上，西方的政治史也并非真从《民约》

开始，卢梭所说的契约政权，只是根据他们的封建政权而来的。西方的封建是自下而上的，只是那个最高的宝塔顶没有结成。所谓"神圣罗马帝国"，是有名无实的，他们的封建社会向上建造，没有造成就垮台了。封建社会垮台，于是有近代的所谓资本主义社会。这里面重要的转变，是在城市兴起。意大利、全地中海、北方的德意志、波罗的海，开始有了许多小的自由城市的工商业。这并不在他们封建体制之内的，在这里面有中产阶级兴起。以后的文艺复兴、资本主义，都从这些自由城市、中产阶级中产生。所以西方中古史里的所谓城市兴起，是西洋史上一个极大的转折点。但我们拿这一点来看中国史，则又远见其相异了。

中国史上的城市是远有根源的。如广州，从秦代就有，到现在还存在。广州当然是一个工商业中心，是一个大城市，这个城市至少有两千年的历史。又如我的家乡苏州，从春秋战国一路下来，直到今天还是一个大城市。南宋初年，金兀术南下，苏州人死了五十万，这个城市之大就可想而知。唐朝末年黄巢之乱，寄居在广州的外国商人，有大食人、波斯人、阿拉伯人，死了十万人。一个城市里的外国商人到十万之多，这是一个多么大的城市。

我们从《左传》上看春秋时代，中国就至少有几百个城市。到秦以下，就有一两千个城市。城市在中国同时是政治中心又兼工商业中心。若说城市兴起就是封建社会破坏，那么又怎说中国社会到今天还是一个"封建社会"呢？拿这个道理和西方学历史的人讲，很容易讲通。城市兴起，商业中产阶级存在，就不可能有封建社会。有了一个统一政府，也不可能有封建社会。无论从政治上讲，从经济上讲，中国很早就不是像西方般的一个"封建社会"。这是显而易见的。而近代中国学术界争吵了几十年。到今天，还有许多人在那里讲中国社会是一个"封建社会"。因若不是封建社会，就该是资本主义的社会了。而中国社会又绝不可说其是一资本主义的社会，于是只好勉强说其是"封建社会"了。

学术不独立，自己不知道自己，各凭意气与空想来挣扎国家社会之前途，那是够危险的。此刻除了外国人讲法，我们似乎没有自己的话可讲；除了外国人观念，我们似乎没有自己的观念。外国人怎样看，我们也怎样看；外国人怎样讲，我们也怎样讲。我们等于是一瞎子，是一哑巴。若真是瞎子哑巴倒还好，我们是有眼睛不会看，有嘴巴不会讲。我们只照人家所看所讲，而不能照人家所做。根本毛病就出在这里。若我们真能全盘西化了，那也好。但这终是不可能。因我们这个社会究竟不是他们那个社会，究竟仍是我们中国的社会。我们中国人究竟不是西方人，乃是带有与生俱来中国自己的文化背景。

我们说中国社会是一个"四民社会"，早已包括有工商人在内。西方"封建社会"则只有地主与农奴，这显然有不同。也许有人又这样问：西方由奴隶社会变成封建社会，由封建社会变成资本主义社会，资本主义社会现在又要变成共产主义的社会，但若说中国社会是一个"四民社会"，该从何时候开始呢？若说从秦代开始吧，为什么到现在还是一个四民社会呢？为何这社会无变化，无进步呢？读西洋史的都知道，希腊以后有罗马，罗马亡了就变成中古时期，于是又产生现代国家。西洋史逐步有变化。中国则秦、汉、魏、晋、南北朝、隋、唐、宋、明、清，都是一个皇帝，一个政府，究竟变化在哪里？进步在哪里呢？于是我们对于一部"二十四史"就只有简单一句话，说秦以下两千年，是一个"专制政治"，是一个"封建社会"。或者说秦以下这两千年的中国就不再进步了。也有人说，中国的历史专讲汉高祖、唐太宗等，是在讲故事，讲帝王家谱，不是在讲历史。只为不肯认真去看历史，那些话便像都对。此刻我们称中国社会为"四民社会"，只表示我们这个社会和西方社会之不同。

进一步来讲，这一个"四民社会"也有它的变化，还该分成几个阶段来讲。我们该根据此"四民社会"观念，来分析中国社会两千年来的各种形态之演进。这不是我个人要这样讲，并不是我想标新立异，自我创造。当然中国历史上并没有讲过这样社会和那样社会那些话，但我也绝不是想来凭空创造，我不过想给已往的中国社会历史演变，加上一些名称，把中西社会之相异处抉露出来，使大家都明白。此后再有人来综合中西历史，加以新观念、新讲法，这样始算得亦是一种文化交流。

今天的我们，该把中国的东西也让外国人知道，然后才能进一步讲出一个世界性的东西来。此刻的世界，有东方、有西方。中国的究是些什么，我们至少要得明白告诉人家。

将来做综合工作的是中国人抑是西方人，我们不知道，可是至少第一步工作，我们该拿中国的告诉西方人。不能仅到西方去学一点皮毛，硬装进中国来，装不合式，就说中国的不对。单凭西方观念来看中国，中国当然不对。头发为什么不红？眼睛为什么不绿？皮肤上为什么没有毛？总之，我们应对我们自己本身有智识，应有我们自己本身的立场。

七

在四民社会中，"士"这一流品最难讲。士是什么呢？他在社会上负着什么一种责任呢？我们中国的所谓"士"，并不像西洋的教士，也不像西洋的律师，或现在的专家、知识分子之类。这个士的意义，西方人很不容易懂。但中国社会四民之首便是士，中国历史上社会变动，主要就变动在士的这一流。士的变动可以影响到整个社会的变动。农还是农，工还是工，商还是商，当然也可有一些变动，不过这些变动小，而士的变动来得大。我们根据中国历史上士的变动，可以把中国社会分成几个阶段。

战国时代，中国社会可称为"游士社会"。在这个时代里，"士"是一个新的流品的开始。古代封建政权之破坏，就破坏在这"士"的新流品之兴起。中国古代的封建政治，上面是天子、诸侯、公、卿、大夫，是贵族，下面是平民。在贵族与平民中间，还有一种士。孔子就是一个士。士的流品，在中国社会里发生重大作用，即从孔子始。所以《论语》里也特别讲到这个士。孔子以后，诸子百家群兴，他们全是士，士流品得势，贵族阶级被推翻，中国此下就变成一个"四民社会"。所以孔子在中国历史社会以及整个文化系统上，他本身已经发生了一种极大的影响。我们不能仅认孔子为一思想家，也不能把孔子当一个教主，孔子之伟大，就因他是中国此下四民社会中坚的"士"的一流品之创始人。

两汉时代的社会，我们可称之为"郎吏社会"。"郎吏"二字更难讲。我有一位朋友，最近有一次到欧洲去出席汉学会议。他要讲中国的历史分期，他采用我这个讲法去讲。他因"郎吏"二字西洋没有，也不可能翻译，所以他换一个名称，叫做"选举社会"。不过这"选举"二字，正因西方也有，又会和西方观念混淆了，所以我主张还是用"郎吏"二字的妥当。

一个国家，有政府，有民众，古今中外历史都如此。但我们要问，哪一种人才有权参加政府呢？倘使是军人组织的政府，我们称之为军人政府。贵族组织的政府，我们称之为贵族政府。商人组织的政府，我们称之为商人政府。现在共产党人则主张由无产阶级起来组织政府，这叫做无产阶级的政府。我们要问中国历史上的政府，是由哪些人如何来组织的呢？皇帝只有一个人。中国到汉代已经有一千多个县。这样广土众民的一个大国家，政府自皇帝以下又有些什么人来参加呢？在中国，主要就是士，四民社会中第一流品的这个士，只有这一流品是有权参加政府的。

因此中国历史上的政府，并非军人政府。汉代开始，政府中人都是跟汉高祖打天下的，勉强可以叫做军人政府。

但是没有多少年就变了。中国历史上的政府，也不是贵族政府。并不是姓刘的打天下，这个政府就全是姓刘的。也不是江苏人打天下，这个政府就全是江苏人。中国历史上的政府，更不是商人政府，中国传统，商人根本不参加政府。因此中国历史上的政府，只该叫做"士人政府"。由士人来组织政府，政权操在士人手里。这样的政府，西方历史上没有，我们只得特创此一新名称。而士人是社会上一流品，由于这一个流品之参加进政府，而掌握政府之大权，于是政治和社会就得打成一片。所以在中国人的脑子里没有"革命"的观念。中国人所言的"革命"，又和西方的不同。像西方般，社会民众要对政府夺取政权，争取自由，这种观念在中国历史上没有，因为中国的政府早同民众是相通的。

汉代初年，政府官吏大多从一个集团里出来，这个集团就是皇宫的侍卫。这种侍卫和皇帝很亲近，将来都得机会分发到各地政府做事，这种人叫做"郎"。因为他们都在宫廷廊下。其实也不完全是站在廊下的，只是如此称呼而已。这和帝俄时代沙皇贵族政权的情形差不多，一般贵族子弟都要到沙皇跟前当侍卫。法国大革命以前，法国的贵族子弟，也多要到凡尔赛宫做路易十四以及路易十六的侍卫。汉朝到汉武帝时就兴太学。太学毕业生分为两级，高级毕业生可以补"郎"，到皇宫当侍卫。低级毕业生回到地方上分派做"吏"，这是一种地方服务。隔三年或几年有一次选举，把在地方上服务有成绩的吏，送到中央政府补郎，再由郎分发出来，便可做正式的行政长官。汉武帝在中国历史上的伟大，就因他乃是建立中国士人政府的第一人。董仲舒的功绩，也就在此。

我们现在说："董仲舒表彰"五经"，罢黜百家，中国思想定于一尊，从此中国思想无进步。"这句话不知从哪里来。表彰"五经"，罢黜百家，是有的。思想定于一尊，在当时是这样的。但尊孔后，思想便无进步，这句话根据的是什么呢？一部"二十四史"从头看，没有这样一句话。而且中国此下亦非专一尊孔。魏晋南北朝以后，中国人觉得释迦牟尼的地位在孔子之上了，又何尝是思想定于一尊呢？这又算是进步还是退步呢？所谓"中国思想定于一尊"，这是一句今天我们对历史事实的总括，把汉到今全部思想史一句话就讲完了。请问这一总括是怎样研究来的？哪本书上说过这句话？下面一句，"从此中国思想再无进步"，这是一句判断语。请问怎样才叫进步呢？而在近代中国社会上，这两句话居然流传得极普遍。这完全是道听途说的话，此刻像变成为我们社会上共同的一个常识了。这可以说是学术涂地。大学教育不尽职，报章上的小品，马路上茶馆里的谈话，就成了今天的学术思想。从图书馆或研究所埋头苦心所得的论文著作，中国这几十年来少得可怜。我们是有大学而无教授。有教授而无著作，有著作而无见解，有见解而无价值。这是近代中国一大病痛。

西汉董仲舒替汉武帝创立这一个"郎吏制度"，社会上优秀青年都可送进大学，大学毕业，一部分补郎，一部分补吏，吏将来再做郎，由此郎选中做行政官。郎与吏就成为当时社会上知识分子的出身，政府与社会的枢纽即在此，因此我们称这个社会为"郎吏社会"。今天中国学者却只知道骂董仲舒，但不知道他们究从哪里骂起？

"郎吏社会"，汉以后就没有了。下面逐渐造成第二种所谓"门第社会"。读书人都出在门第中，门第就成为社会的中坚与领导阶层。今天中国讲历史的人，又发生了一个问题。就是说，中国究竟在秦以前是封建社会呢？还是在秦以后魏晋南北朝时才是封建社会？这问题的提出，就因魏晋南北朝有门第，拿中国的门第和西方的封建大地主相提并论。当然这中间也有一些相通，然其实际精神则不同。"门第社会"之决非封建社会，也就上述上面有统治政府，下面有自由工商业之两点便可明白了。

从"门第社会"再一变，就是"科举社会"。科举是政府的一种公开考试，用来代替两汉选举制度的。汉代的从吏补郎是要经过选举的。"选举制度"和"考试制度"都是中国所原有。唐以后就以考试代替选举。考试是公开的、无限制的。每一人都可凭一张履历，去申请应试。只限制工商人不得参加。此因中国传统政治有一理想，政治是为公众服务的，工商人完全为私家经济而努力，因此不许他们参加考试，而从政的也就不得再经商。士大夫从政再经商，这是违法的。在"科举制度"中，自唐以下历宋、明、清几代，又可再分几个阶段，在此不详说。

八

我们上述这一个分法,是注意在中国社会和政治两方声息相通的重要点而分的。西方的封建时代,以及现代国家兴起后之专制时代,社会和政府并无紧密联系。直要到法国大革命以及英国产生宪法以后,他们有了民主政治,社会和政府间才有一个联系。而中国社会和政府的联系,从秦汉开始就已经见之于种种的制度了。所以我们只能说,中国人在此方面早已走前了一步。譬如爬宝塔,一层一层地爬,爬到最高一层,不能再爬了,这不是不进步。中国从秦汉以来,在人文社会方面,较之西方,实在可算是进步的。

近代敢讲这句话的,除了孙中山先生的《三民主义》以外,我还没有看见第二人。我一生崇拜孙先生,就在这一点。他不是关着门在图书馆研究,在大学讲堂里讲;他的两眼,全世界四面八方都看,而又能见其大。所以自然科学方面我们是吃了亏,社会科学、人文科学方面,中国绝不落人后。

我们只讲几个大原则便可知。中国政府之组织,是由社会上最优秀的士,经过选举或考试,参加政府而组织的。孙中山先生凭此来看西方人的选举制度,也并不觉得满意。他说一个大学里的专家博士教授要同一个三轮车夫去到街上竞选,或许那博士会失败。所以孙中山先生才想把西方的选举制度来加以改进。才在三权之外加进了"考试"和"监察"两权。这都是中国所原有的。西方人得了一半,中国人也得了一半。闭着眼睛说中国两千年来是一个专制黑暗政体,这绝对不是那回事。若说中国两千年来是一个封建社会,就更荒谬。

第三篇　中国历史演进与文化传统

第一章　历史的领导精神

一

我这一番讲演，是注重在讲"文化"，不注重讲"民族"。因为我们认为民族精神是以文化而完成的。中国人的传统看法，重文化尤胜于重民族，即是重道尤胜于重人。我讲文化，从社会和历史两方面来讲。社会一面大体讲完了。接下就讲历史，同时拿社会和历史合并起来讲文化。

中国的文化价值，有两项最简单的证明，就是历史中国最久，社会中国最大。换句话说，只有在中国文化之下，才有这样长久的历史和这样广大的社会。其他任何一个文化系统之下，都无这样长的历史和这样大的社会。这就足以证明中国文化的价值了。可是我们要来讲这样长的一部历史，从什么地方讲起呢？我以为我们讲历史，应该要找出这一部历史的精神。所谓"历史精神"，就是指导这部历史不断向前的一种精神，也就是所谓"领导精神"。

二

在长时期的历史中，一切事情都像是偶然的、突然的、意外产生的，然而实在是有一种指导历史前进的精神贯彻在里面的。当然像马克思讲历史，他也是主张有一种指导力量的，只是此项力量是"唯物"的。黑格尔讲历史，则是"唯心"的。他们都先立定下一种哲学理论，再拿历史来证明。我们现在所讲，则要根据历史本身来寻求，有没有这一种指导这全部历史进程向前的精神和力量？

这一点若我们向西方人讲，西方人又不肯同意。因为他们的历史，似乎并无一种所谓领导历史向前的精神贯彻着。开始是希腊人的希腊文化来领导历史。后来是罗马人的罗马文化来领导历史。但是很显然的，罗马的历史文化并不是衔接着希腊的历史文化而来的。希腊衰亡了，罗马兴起，这是两件事。罗马的历史文化中断了，蛮族入侵，这就进入他们的中古时期。中古时期西方的历史指导精神在教会，在耶稣教。固然在罗马时代就有耶稣教，教会的力量已经相当大。然而耶稣教会变为一个领导社会领导历史的力量，要到中古时期才正式开始。

中古时期北方蛮族所以能跑进文化境界，也是耶稣教之功。因此中古时期就不再是罗马精神，而又另外有一套。到后来，他们在教堂里又重新翻到希腊、罗马时代的著作，又跑进希腊、罗马时代的历史里面去，这就有"文艺复兴"。

西方人到那时才知道在耶稣教以外，还有另外的天地，一个是希腊，一个是罗马。耶稣教对他们讲的，是灵魂、上帝、天国及人的身后事。生前的一切，不过为死后做准备。主宰我们的是天国，是上帝，不在我们的世间。因此他们所向往追求的，也是灵魂脱离了这个肉体以后的那一段。可是西方人一读到希腊、罗马人在当时的种种思想和行动的历史，都不在天上，而只在地下。所注重的，像不是在灵魂，而仅是在肉体了。在获得了这历史启示之下，而有文艺复兴，所谓"由灵返肉"。把一切兴趣和努力，重回到现世，也就产生了他们所谓的"人文主义"。

他们的人文主义，实在带有一种"反宗教"的姿态在里面的。我上面所说中国人的人文思想，则并无宗教可反。因西方人是把人生分成了两段，一段是灵魂的，另一段是肉体的。现在注重讲肉体人生的，就叫"人文主义"。西方人的历史是这样下来的。

从文艺复兴接上近代的科学发展，就产生出现代的欧洲。这一条路走到现在，他们又觉得前途渺茫了。在文艺复兴时，他们觉得天国、灵魂是空虚渺茫的，所以要回过头来讲肉体，讲人世间。哥伦布发现新大陆，在当时是一件惊天动地的事，使人们觉得前途无穷。到今天坐一架飞机，整个世界，一下就一圈飞回来，再没有新大陆可去，这世界太小了，也就觉得没有什么意思了。现在人又想上月球，上金星。其实上了月球、金星，或许没有像当时发现新大陆般令人兴奋，这对我们人类又有什么好处呢？对当前的人生又能解决了些什么呢？开始时候，好像我们新到一地方，兴致淋漓，待这地方跑完了，也就觉得平常了。

西方人开发新大陆，本来是想要找香料，找黄金，要发财。开始向外发展的是西班牙、葡萄牙人，后来接上的是荷兰、比利时、英国、法国人，终于形成了资本主义、帝国主义和殖民政策。但是到了今天，帝国主义是必然崩溃了。资本主义呢？像美国般，他要同你做生意，你没有钱，他借钱给你来做。好像打牌一样，你赢了钱，把他的钱都赢完了，你还想打，只有借钱给他打，这就没有意思了。这样做生意，终会生厌倦。而且自经第一、第二次世界大战，到今天时局更危险，全不知道前面会怎样。因此西方人对这个文化传统就产生了一个悲观的想法，这也是现实逼得他们如此的。

最近英、美思想界，又都认为他们今天应该回复到中古时期的那种宗教信仰方面去。这话也不是今天才有人讲，很早以前就有人这样讲。他们常称中古时期为"黑暗时期"。几十年前，有一位德国人写一本书，说倘使我们拿耶稣的道理来看，究是中古时期黑暗还是现代的欧洲黑暗呢？这话是很有理由的。他们称中古时期为黑暗时期，是根据文艺复兴以后一般人的观点来讲的。倘使根据中古时期教堂里的观点来讲，则应该文艺复兴才是走上了黑暗的路。西方人在这样一种内心冲突之下，他们的精神就开始惶惑了。他们目前似乎还找不出一条值得勇往向前的路究竟在哪里。所以我们说西方历史是并无一个贯彻的领导精神的。

通常讲西洋史，总是先讲希腊，次讲罗马，再从中古时期到现代，我们一般都认为西洋历史是这样下来的。我想实在的西洋历史，并不是这样的。应该从罗马帝国崩溃，北方蛮族跑进罗马帝国后这个时期开始讲。这是现代欧洲人的欧洲史。现代欧洲文化的曙光就是耶稣教，不是希腊和罗马。那时北方蛮族根本不知道有希腊、罗马文化。罗马是被他们打垮的。他们所知的罗马，只是一个可供掠夺的对象而已。罗马帝国打垮了，北方蛮族在那时是混沌一片，这个时候全由耶稣教出来指导他们。固然耶稣教不是北方蛮族自己的，是由东方传过去的，可是第一条文化曙光，射进现代欧洲人脑里去的，是耶稣教。这是他们文化的起源，文化的根本。这是他们所见早晨的曙光。在这下面才接续上希腊、罗马。这就等于中国人是从周公、孔子开始，下面才是印度佛教跑进中国来。

其实在现代欧洲人脑里是先有耶稣，后来才有苏格拉底、柏拉图等等的。骤然新刺激来了，他们也并没有好好地调和折中，并不能好好地去消化，就嚷着要"由灵返肉"。跑出教堂，做生意，搞政治。然而教堂的力量在欧洲人心中是根深蒂固的，所以到后来虽然科学发达，一般大科学家还是没有不信宗教的。牛顿、爱因斯坦都是，他们心中总还是有一个上帝。在我们中国人看来，一方面讲科学，一方面信宗教，好像是不可能。然而近代西方人是从耶稣教开始的，他们的文化根源在此，他们决舍不掉。

现代科学实在是近代欧洲人创造的，不过讲科学史的人，还是远从希腊讲起。西化获得了长足进展，他们讲历史，觉得不该从中古时期讲起。但如从希腊讲起讲到罗马，那么在希腊以前自然还要讲埃及，讲巴比伦。那就要从巴比伦、埃及、希腊、罗马一路讲下来。这样使一部西洋史头绪纷繁了。今天的他们，经过第一、第二次世界大战，问题依然未解决，而且愈来愈多愈棘手，无怪他们中间有人觉得前面没有路，不免要发生文化悲观的论调了。

在我们想，我们认为我们是显然有一条路在前面，那就是向欧洲人看齐。但今天的欧洲人，却是不免有途穷之感了。人穷则返本，因此欧洲人不免要回头再向宗教，他们的老家那面去。我们读西洋史，从巴比伦、埃及到希腊、罗马，好像宗教是横插进去的。耶稣教到现在只有一千九百多年，还不到两千年。西洋史是从耶稣教以前就有了。实在我们要讲真的欧洲史，就该切断来讲，先就蛮族入侵，罗马帝国崩溃，中古时期的教会讲起，再讲到文艺复兴；希腊、罗马才是横插进来的。这样讲法，或许我们对于欧洲人会更容易认识得清楚些。

我现在讲的，是说欧洲历史，没有一个贯彻在历史里面的领导精神。一段时期是希腊的，另一段时期是罗马的，现代一段时期是近代欧洲人的。近代的欧洲人，在历史上本是北方蛮族，而这里面又有英国人、法国人、德国人等等，更加复杂了。因此我们要同西方人来讲历史里面有个一贯的领导精神，他们当然不了解。

三

现在回过头来看中国史。我认为中国历史是有一番始终贯彻的领导精神在里面的。因为这一部历史四千年来始终是中国人的。虽然我们读中国史的人，或许会觉得中国史简简单单的，就是这样一回事，不见有什么大反复。但若深入看，便不同了。

我们读西洋史，等于如看西洋的剧本，它是一幕一幕的。一幕闭了，第二幕开始，像是完全另外一回事般。所以西洋的戏曲，逐幕有变化，欢天喜地的会变成惊风骇浪，看了上一幕不晓得下一幕。中国戏剧比较上从头到尾，似乎本来是一回事，很少在中间有剧变的。中国史之演进，好像平平淡淡，几千年一路下来，使人感觉它少变化。其实也不能如此说。蒙古人打进来，满洲人打进来，那都是极可怕的。但是一阵风暴过去，还是青天白日。中国人还是中国人，中国社会还是这一套。偌大一个民族，支持四千年，直到今天，他应该是有一个指导历史的精神贯彻在里面的。也正因为有这一个精神贯彻在历史里面，所以我们看不出历史的巨大反复。像欧洲史希腊、罗马、中古时期那样的反复，在中国史里是看不出来的。

我们看见西方历史有一个文艺复兴，我们在"五四运动"时真是心向往之，以为我们中国为什么没有一个文艺复兴呢？其实我们历史上孔子、孟子的书，一直到今天还人人在读，怎样会有文艺复兴呢？北方蛮族跑进罗马，他们是什么都没有，只信耶稣教，忽然在教堂里翻到以前希腊、罗马那些书，所以才有一个文艺复兴。或者中国也可能有一个文艺复兴，像现在中国人都读西洋书，再过几百年长时期，中国书全都搬进图书馆去了，那个时候中国人都不知道有孔子、孟子了，偶然翻出他们的书来，觉得奇怪。到那时，中国也会有一个文艺复兴的。至于今天的我们，听见西方人讲文艺复兴，心向往之，那只是观念上的模糊而已。

现在我们要讲中国历史里的那一个领导精神，又怎样讲法呢？我先要告诉诸位，我并不愿凭空把个人意见来讲，我只愿根据历史情节平平实实地讲。但纵使我们翻破一部"二十四史"，也没有所谓"领导精神"这样一句话。我们又从哪里讲起呢？我想我们有一条路，就如前面所讲，看文化要从"历史"和"社会"两方面来看。历史是过去的社会，社会是现在的历史。而且过去的历史还存在现在的社会上，现在的社会又从过去历史里来。我们看文化，只要从历史记载和社会现象来看。照这样讲，我们且问中国社会和别个社会特别不同之点在哪里？

这问题上次也已讲过，中国是一个"四民社会"，四民社会之中坚是"士"的一流品。中国社会之所谓"士"，确实在别个社会中没有。印度社会有四个阶级，第一个是僧侣阶级，但僧侣并不像中国之所谓士。欧洲从中古时期起，他们社会中最重要的，照理应该算宗教里的神父和牧师了。小孩子一生下来便得到教堂里领洗，非神父、牧师到场不可。结婚是人生大事，丧葬是人生大事，又非神父、牧师到场不可。所以教堂的力量，在他们是无可比拟的。第二次世界大战末期，原子弹投到日本，日本天皇宣布投降，这是了不得的大事。当时美国全社会人都跑到教堂里去祷告。美国总统说，这是上帝给我们胜利。我们中国正因没有一个宗教，胜利以后，你说是你的功，我说是我的功。社会上一般人却说，谁也不要自居功，还是美国人帮了忙。美国因有上帝，一切归功于上帝，便谁也不敢居功了。他们最快乐的时候要有一个上帝，最危险最苦痛时，也要有一个上帝。海上一条船触礁要沉没了，最后一分钟，大家还要祷告上帝。宗教是现代欧洲社会一个极重要的东西，可是我们不能说它是西方历史贯彻始终的一个领导精神。这在上面已讲过。

中国历史从古到今，四千年来有一不变的制度，是最高政治领袖即天子，俗称"皇帝"，他们是父子相传、君位世袭的。秦始皇帝以下，郡县时代，依然和上面的封建时代一般，君位依然世袭。我们正为此故，称中国传统政治为"帝王专制"。其实秦汉以下的郡县政治，并非帝王专制，那时的政府，乃是一"士人政府"，上面已说过。只因中国民众地广，君位世袭可免种种麻烦，省去种种争议，使社会上下得以同趋于安定。改朝换代至少是两三百年后的事。这亦可称为是中国人聪明的特创。倘缺了此一君位世袭制，中国便不会有这样的安定，秦以下的历史会走向哪里去，便很难预测了。故中国社会乃一"四民社会"，而中国政府则是一"士人政府"。不得专以君位世袭那一制度，便称中国是一专制政治。诸位细读"二十五史"便可知。我在此刻是无法详讲了。

中国社会有"士"这一流品，那是世界各国社会所没有的。士是中国社会一个领导中心。所以我们将试根据这一点来讲中国历史上的领导精神。不论政治领导，或文化领导。士是怎样来的？又是代表着什么的呢？社会上生产事业如农、如工、如商，如何般来，这都容易讲。政治阶层的人、军人，如何般来，这也容易讲。只有中国士这一流品就难讲。怎会有所谓"士"？而且这些士又永远存在着，这总有一个道理。士在中国社会中，几千年来，有得吃，有得住，有得穿，还得人家看重你，总有一个道理在。我们不先凭空拿一个理论来讲，我们是在据历史现实提出疑问来讲。我们看中国社会上的士，如何做社会上的领导者。从乡村到城市，乃至政府，都有士。这个"士"的形成，总有一套理由。这套理由维持下来，就是历史的领导精神了。我这样讲法是否对，诸位试照着这条路去翻看一部"二十五史"，就会得一批判。

四

现在中国的最大问题，却是社会正在那里变，而且变动得最大，此后中国社会快会没有士了。这一变就很严重。罗马帝国崩溃了，北方蛮族是一张白纸，加上耶稣教，后来又加上希腊、罗马，这些变尚简单。中国人则并非一张白纸。这个领导精神，虽然这一百年来已经逐渐在崩溃，然而我们这张纸上，渐染上的东西，擦不掉，也洗不干净，还有大批的积留。西方的东西加上来，又是很复杂，有宗教，有科学，有哲学，有其他的一切。西方的一部历史就够复杂了，而且现在的西方又是英国和法国不同，法国和德国不同，欧洲和美洲又不同。这许许多多东西，七拼八凑，一下投进到中国来，这时的中国人就难办了。近代中国苦难重重，自己觉得没有出路，就在这上面。

"五四运动"时我们要"打倒孔家店"，这就是一难题。欧洲北方蛮族入侵罗马，他们当时没有一个像我们的孔家店要打倒。耶稣教来了，他们就信耶稣教。中国人要打倒孔家店，又要把线装书扔毛厕里，又要废止汉字。要做这三件事，谈何容易，一两百年也做不了。

本来该"全盘西化"的，但"五四运动"时人说，西方宗教我们不要。既是全盘西化，为什么又不要西方的宗教呢？他们说，我们要的是"科学"和"民主"。但科学仅是供人使用的，不能全由科学来支配人。民主政治在某些处也是靠不住，不是那般民，又如何做那般主呢？投票举手只是一表示，全是空的，又如何表示呢？而且这世界究竟有没有上帝，大家举手来表决，这岂不是笑话。你不信上帝，待我向你讲，你再不信，我再讲，不能说由大家来举手。民主是政治上的事，可是人生还有比政治更重要更高的，不能全由民主方式来解决。单有科学和民主，拼不成一个社会，生不出一套文化来。社会该由"人"做中心，单就科学与民主，也拼不成一个人。飞机是科学的，驾飞机坐飞机的却是人。民主是政治的，在这政府中、在这政府下的也都是人。不能专有科学与民主，而把人丢开了。西方宗教正是教人怎样做人的，我们要学西方，更不能把他们的宗教划掉。

西方到今天也仍不可能把他们的宗教划掉，而当时我们高呼西化的前辈先生们，却要反宗教。既要反宗教，而仅仅接受他们的科学和民主，那样的西化，未免太浅薄了。你若说中国的一切都好，只缺了科学与民主，那还说得通。现在既认中国的一切要不得，又如何只学人家的科学和民主呢？

讲到这里，我们就可以慢慢找出中国历史社会上所谓"士"的这种精神是什么这一问题的答案来。我们试循着这条路讲下去，看对这部中国历史是否讲得通。从前许多人又说，一部"二十五史"，只是帝王家谱，这样的历史没价值。认为现代人治史，该讲社会史。此下就大家争论着，我们究是何等社会。尽争不出定论，可见一切不该先存有成见。历史则该是整部的，而且历史即是人生。我们先问在这部历史里的人，是否有一个领导精神在领导着。我且不问其是政治史抑是社会史，单就这一中心讲下去，即是中国社会"士"这一流品之精神传统讲下去，我认为中国历史上的治乱兴亡，乃至今天的一切大问题，却都可以讲得通。

近代国人盛呼"打倒孔家店"，但孔家店创始迄今两千五百年，愈后愈旺盛，亦必有一开店的精神。你不识其精神所在，又如何去打倒他？如孙中山先生，倡导革命，成立中华民国，他两次对敌人言和，一在南京，一赴北平，终于病死在旅馆中。他的事业，可谓实未即身完成。他提倡的"三民主义"，首先便是"民族主义"，这便是如上面所说的"孔家店"精神，中国文化中所谓"士"的精神。能近取譬，孙中山先生到今天岂不常在人口里心里吗？中山先生的精神，正是在他及身未能完成，尚待后人来继他完成的一条道路上。这正是我所谓中国士的精神，亦所谓孔家店精神，中国文化精神，正是永在向前、永待后人继续、永无完成的一番精神。若各求完成，不待他人继起，这可称为乃是一种机械精神，非生命精神，便也不就是我们所谓士的精神了。

诸位即此便可知道，我上面所讲中国文化传统里士的精神所指大体是什么了。

第二章　中国历史演进大势

一

中国人心中最崇拜的是圣人。但在唐以前常以周公、孔子并称，宋以后始是孔子、孟子并称。虽则我们今天甚至有人还要"打倒孔家店"，但这只是今天事，我们不能否认从前大家景仰圣人之确有这回事。这等于西方人讲耶稣，罗马人讲恺撒，蒙古人讲成吉思汗，任何一个社会，总有受这社会尊崇的人。可是罗马有恺撒，蒙古有成吉思汗，中国也有秦始皇、汉武帝这一类的皇帝，但中国人并不尊这些人。在中国人心中，最受尊敬的还是周公和孔、孟。这是中国历史上人物造型一个最高的目标。我上面所讲"士"这一流品之精神传统，正可从这方面再继续地讲下去。也可说中国的历史指导精神寄在"士"这一流品。而中国的"士"则由周公、孔、孟而形成。我们由他们对于历史的影响，可知中国历史文化的传统精神之所在。

现代人讲历史，又有一个大争论，就是说历史究竟是"个人"重要还是"群众"重要呢？其实这不是一个真问题。人总是重要的，个人重要，群众也重要。我现在所讲，似乎太偏重在几个个人方面了，或许诸位认为我抹杀了历史上群众的重要性。其实我意并不就这样。我现在讲周公与孔、孟。这三人中，周公是一政治家，孟子是一教育家，孔子兼于两者，又是政治家，又是教育家。孔子和周公联合在一起，便见政治意义重过了教育。孔子和孟子联合在一起，便见教育意义重过了政治。我们且不要听到周公、孔、孟就感得讨厌，我们讲周公、孔、孟就如讲政治同教育，也就是中国古人常说的所谓"政教"之本了。

为什么中国人这样看重政治呢？因为中国的地理环境和希腊不同，立国规模和罗马不同。中国由一个广大农村集成，大家有吃，有穿，要使大家能相安无事，而凝成一个大社会，这就在政治问题上。希腊人在一个个小城圈里，从事商业，从地中海发展到亚、非两洲。一个城圈里最多一两万人，他们不觉得政治问题的重要。做生意就遇见有各地方的人，这里来，那里去，思想、言论、态度、习惯，各不同。大家五方杂处，接触到的有埃及人、波斯人，亚洲人、非洲人，要各方面的人都相处得下，就要讲出一个大家公认的"正义"来。罗马人是打天下的，他们所以要讲法律与组织。犹太人是流亡的，奔竞四方，始终受压迫，所以他们要讲一个上帝。中国是广土众民，要团结成一个大社会，因此要讲政治。周公这样的人物出生中国，是并不偶然的。倘使周公生到希腊去，或许不就像中国历史上的周公了。所以在希腊不可能生周公，在中国也不可能生苏格拉底。中国人讲教育，不讲哲学，教育又常兼着政治讲，那就会有孔子，不会有苏格拉底。

中国古人说:"夏尚忠,殷尚鬼,周尚文。"如夏禹治水,三过其门而不入,千辛万苦,为的是社会。夏禹这套救苦救难的精神,就是夏人"尚忠"之示范。后来墨子讲"兼爱""节用",他还自说是讲的夏禹之道。商人"尚鬼",应是讲迷信,近宗教的。古史传说中的商汤就是这样一个人。他似是喜欢用神道设教来获得人心的。到了周"尚文",遂开此下传统,中国人直到今天,都还是尚文的。所以中国人讲政治称"文治",讲教育称"文教",讲人事称"人文"。所谓"郁郁乎文哉,吾从周",孔子就是第一个崇拜周公的。

二

"文"字的含义犹如俗语的"花样"。周公从事政治就有许多的花样,或者说许多的文饰。周人的天下从商人手里打来,从一个信上帝,信鬼神,宗教气味很浓厚的时代接下来。这时候周公就建立起一套新的政治制度来。这就是所谓"封建政治"。封建政治有一个共主,就是天子。"天子"譬之如上帝的儿子,这是从讲上帝的商人传下的思想。现在周公对商人说:"以前上帝喜欢你们商朝,可是上帝并不是一开始就喜欢你们的,他先喜欢的是夏朝。为什么上帝改变喜欢了你们呢?到今天为什么又不喜欢你们而改喜欢我们周朝呢?因为上帝要看老百姓的意见的。"这番话却从宗教转落到政治上来了。当时大家听了这番话,都感得高兴,就是商人听了也不能反对。

我们知道,周人打天下的是周武王。周公却觉得单凭武力打天下,人家不心服,人家心里老怀着仇恨,将来还要成问题。所以周公又出花样,说你们的纣王太不行,我们该把他打倒。可是你们商朝的祖先们那一套是很好的,你们商朝的老百姓们也还是该存在。因此,我不来管你们,你们可再另叫一人来依照你们祖先的方法来管理。于是就封纣王的儿子武庚来承接商人的传统。这不是现在人所主张的"民族自决"吗?今天美国人也说斯大林不好,俄国人还是爱和平的,我们还是朋友。这种话,周公在几千年前就讲过了。

周公又主张,不仅商朝的子孙该存在,从前夏朝的子孙,乃至唐尧、虞舜、黄帝、神农的子孙,凡是我们历史上曾有过的都得要存在。这叫"兴灭国,继绝世"。夏朝亡了,可以再封一个。唐、虞亡了,也可再封一个。灭国再兴,绝世再继,今天文化进步的世界最好理想也不过如此。犹太人在世界上几千年没有一个国家了,美国人说你们自己可以建立起一个国家来,这就是现在的以色列。周公的"兴灭国,继绝世",用意注重在保存文化传统,他说你们的国家可以照你们以往的样子,你们喜欢方帽子就戴方帽子,喜欢长袍就穿长袍。每个国家都得保留他们的旧文化、旧传统。周公这个处置是非常伟大的,他就要叫周朝人也看看,从前有政权的,还有商,有夏,有唐、虞、黄、农,历史摆在你眼前,不要认为我们周朝人可以永远做皇帝,如果我们不行,也会同他们一样,上帝会再挑一个新儿子。

这种想法，不仅是从前的宗教信仰慢慢过渡到政治理论上来，而且又加上了一种历史的精神。他的封建制度就有一种尊重文化历史的精神在里面，要周人懂得警戒历史上以前的坏处，来接纳历史上以前的好处，那就花样多了，这就成为中国人此下的人文观念。

但既然商人、夏人以及唐、虞、黄、农的子孙都可封，今天周人自己的宗戚也可以封。实际上当时所有的战略要点、交通中心、富庶地区，他封的都是自己人，好来监视天下。这也可说是一种巩固政体的措施。

这样地封下去，岂不会四分五裂，不成体统吗？不，周公的花样还多。他要各国诸侯每年都集合在一个地方祭上帝，上帝你总不该不承认。可是上帝天高地远，不能来管我们这世界，这世界他得另外派人管。派什么人呢？此刻派的是周朝人。因此祭上帝就要同时祭周朝的天子，这是上帝的代表，配搭上帝的，当时称为"配天"。这一点，似乎和耶稣教的道理也一样。耶稣教定要有一个耶稣，不能凭空讲上帝。中国人则找一个天子来配天，那么周朝打天下开国的是周武王，配天的应该是他。可是周公说不是，他说上帝早就喜欢我的父亲周文王。这个花样真了不得，打天下的是周武王，当然别人对周武王可有些不开心，所以周公叫人家一起来祭的，是周文王。他说文王没有打天下，三分天下有其二，还有服事商朝，可见我们并不要夺商朝的权位，这是上帝要我们周朝人起来。周公的伟大就在这些处。此下中国政治常重"文教"，不重武力，便从周公这些伟大处来。

当时每年到了冬至节前后，也就是耶稣圣诞时候，各国诸侯都到周朝来集会，祭天祭文王。但同时周公又说，你们到我们这里来太远了，不方便，我们挑一个大家交通方便的洛邑来集合，不必多劳你们来镐京（西安）了。镐是当时周朝的都城，洛邑就变成东都，大家集合在这里祭上帝，同时祭配天而治的周文王。

这些事情，我们此刻看来很简单。但当时就是这些很简单的事，把中国变成一个统一天下了。中国古人把这些叫做"礼"。周公这套政治，就是所谓"礼治"，也即是所谓"文"，后人又称为"文治"。而周朝凭此基础，有了八百年天下。

当然我们今天讲政治，不是要来模仿周公。只是说在三千年前的周公，这种做法是相当伟大的。可是这样祭文王配天，也只能使政治上有了个中心，有了个联系，这还是和整个社会民众没关系的。周公觉得兴灭国、继绝世、祭天、以文王配，这些还不够。当时全天下人生所赖主要在农业，周公又说第一个发明农业的便是我们的祖先后稷呀。其实后稷以前已经有人发明农业了，如神农，这是大家知道的。我们知道周朝人的祖先是后稷。当然后稷也还有他的祖先，并不是后稷就是周朝人原始第一祖。我们也知道后稷有一个母亲姜嫄，可知后稷也是有父亲的。姜嫄显然是一姜姓女子嫁到姬姓的家庭中来的。可是后稷的父亲，周公就不提。这也和耶稣教一般。耶稣有圣母，却不提有圣父，这是同样道理。

《诗经》里《生民》之章,是讲后稷的。我们读这一章诗,以为是神话,其实非神话。后稷有母、有家、有仆人。小孩子扔到外面,有树林、有池塘。外面有伐木人、有牧人,有大的村子。可见后稷生前早就有了人类社会,怎样说"厥初生民"第一个是后稷呢?这又是周公的花样。这又是中国文化和西方文化不同之点之所在。我们若拿现代话来讲,人该分两种,一种是"原始人",就是史前人;一种是"文化人",就是有了历史以后的人。在周公的意思,只从文化人讲起,则周人的祖先便是后稷了。他因此叫全社会人都来祭后稷。于是祭文王有一个庙,天子、诸侯、公、卿、大夫都到那里去祭。祭后稷,却许乡村野外到处可祭,不必要宫殿。这样一来,全中国人一到冬至就祭后稷。后稷是周人的祖先。

从这些地方,周人就统一了中国八百年。此外周公还制了许多诗,谱为乐章,来配上那些礼。所以后人说周公"制礼作乐"。现在西方的教堂里,却有和周公所制一样的礼和乐。

在中国,三千年以前的周公,就懂得运用这一套。这在中国古人叫做"文"。文不仅是在外面装花样,那些花样里面都包涵有深意,这些花样都是能深入人心的。这一点,直到孔子,才拿周公这番道理更深入地讲出来。周公制礼不专在拘束人。遇有大祭,天子就得请喝酒,大宴四方来祭的人,临宴还要有唱诗,有舞蹈,有表演。后稷、文王的故事和历史,都亦歌亦舞地表演着,大家觉得很高兴,周公的宣传作用也已经在里面了。但在我们这时说来是"宣传"，在周公心中应该说是"教育"，这都是周公制礼作乐的用心。这些从前都该在经学里面讲，不过讲经学的讲到后来，一字一句太麻烦了，却没有注意到周公治国平天下许多大措施的用意在哪里。

以上讲周公的政治。若讲到周公的私人道德，也实在是个大圣人。他尽该可以当周朝的皇帝而不当，但此下周朝八百年天下，却全由周公安顿下。

三

孔子年轻时，在他的理想上、精神上，都是羡慕周公的。他认为自己也不必做皇帝，只要有政权在手就可大行其道，也如周公了。所以他做梦都会梦到周公。后来老了，才说："甚矣！吾衰也，久矣，吾不复梦见周公。"孔子此后在政治活动上绝望了，就教出许多学生来，以"传道"来代替"行道"。孔子的学生分两批，一批是早年在他五十岁以前的，一批是晚年在他五十岁以后的。孔子五十岁以前，自己在政治上还抱着野心。所以他的学生，有的可南面而治，有的可以理财，有的可当将军，有的可办外交，像颜渊、子路、宰我、冉有这批人，都是可在现实政治上活跃的。到了孔子晚年，来跟他读书的人，年龄相差很远。这个时候，孔子也觉得他在现实政治上是没有希望了，他回过头来讲历史、讲文化、讲学术思想。这时候跟孔子的人，像子游、子夏、曾子那一批，都是十八九岁二十多岁的青年。凡是孔子五十岁以前跟他的人,都近周公这一套,五十岁以后跟他的人,慢慢把这个风气传下来,就变成孟子这一套。孔子之道,重在讲人心、人道,就讲出一个"仁"字来。他讲的《礼》《乐》《诗》《书》,都是根据历史。他的学问来源,主要的是周公。

到了孟子,他就是学孔子,孔子讲"心"、讲"仁",孟子讲"性"、讲"善",由"心"讲到"性",由"仁"讲到"善"。这套理论,可说是中国学术思想上一套极大的理论。"人性善"这一理论,全世界只有中国人讲。倘使说中国人的思想对于整个世界有贡献,这套思想的贡献就是最大的。孔子讲心讲仁,大家还不容易懂。到了孟子手里,他讲得极简单而易明。孟子所讲的性善,他实在并没有说人性都是至善的。他只反过来讲:"凡是社会上的所谓善,都是发源于人心的。人心便由人性来。违背了人性,则都不是善。"只要我们人性所不能接受的就是恶,凡是善则一定合乎人性的,而这个人性又是可以向善的,而且是喜欢向善的。现在我们说人性有善、有恶,可以很清楚地看到许多证据。我们也可说人性无善、无恶,如一张白纸,善恶都是后起的。但这话怕不如说人性有善、有恶好一点。既是人性有善有恶,我们定要讲人性善,这道理在哪里呢?这道理当然也不简单。

我们讲中国人所讲的道理,便该照中国人的思想史系统讲下去。讲外国人所讲的道理,也该从外国的哲学史道路讲下去。我们不能单抽出一个人来讲,人不是凭空掉下的,他的思想亦必有个来源与系统。譬如我们讲康德，康德思想从哪里来，西洋哲学史上可以告诉我们。我们讲柏拉图，柏拉图的思想从哪里来，西洋哲学史上也可以告诉我们。一切思想都有一条线路，不能说全由某一人创造发明。科学上各项发现，也各有其来源，一切不由凭空来。所以我们要由一个系统讲，这样便叫是人类文化传统。诸位听到讲"传统"二字，也许有人又不喜欢，若讲"系统"，便觉可接受了。其实这是二五同一十，朝三暮四和朝四暮三，还是一样。现在我们还是从周公讲起。

周公认为人可分为两种，一种是"自然人"，一种是"文化人"。自然人是历史以前的，文化人就是历史以后的。这番话当然周公没有讲过，是我根据周公行事，翻译成现在人观念来代说的。不然的话，周人的始祖怎会是后稷呢？这里总有个道理。这个道理还直传到今天。我们岂不有一个家谱吗？我姓钱，姓钱的尊五代十国时的吴越王为始祖，到今不出三四十代。难道我们姓钱的只从这时开始？上面就没有姓钱的了吗？两晋南北朝时代，我们就在历史记载上看见许多姓钱的，姓钱的来源很古。但是我们从某一个人起，把来源切断了。

《百家姓》上每一个家庭，第一个始祖都照周公办法，选定某一人，把他以前切断了。因此中国社会便不会出达尔文，宗教创世纪的一套也不会有。人是哪里来的？达尔文说是由猿猴变来的，耶稣说是上帝创造的。中国人不这样想，没在历史以前的划开不管了，只就有历史文化以下切下的一段来说。昨天我同一位姓林的先生谈话,他祖先是北方人,搬到福建,第一位迁祖,叫什么名字,从什么地方搬来,家谱上都记下了。以前的,也就不管了。在科学没有昌明以前,中国人的想法却没有违背了科学,这是中国人的聪明。后稷的父亲是谁?后稷父亲的父亲又是谁?如是追问上去,不要说从前的人没有法子讲,现代科学发达以后,也还没法知道。中国人却切断了上面的不论,从什么地方切呢?这就得从文化观点上下手了。

从这一观点上来讲,我们就可知道,人性虽然有善有恶,但是在这个社会上能保留下来的总是善的,恶的便不能常留。历史文化的演变,就是要把善的保留下,把恶的除去了。否则又哪里会从邃古的原始社会演变出后来的历史文化来的呢?因此我们知道,恶势力终是不可久,只有善的可以传。拿近代史来讲,譬如孙中山先生和袁世凯,到他们两人死后,孙中山先生的志业是传下了,袁世凯的行事在历史上的影响当然也不能抹杀,后代人也会提到他的名字,但是他的势力和影响,慢慢就会被后人洗去的。斯大林一死,赫鲁晓夫就出来清算他,也就是这道理。这都是"人性"表演。又如美国当大总统的很多了,但能影响到后代的,他的功业志节留传下来的,也不过是华盛顿、林肯几个人。这些人都已死,为何受人纪念?这就证明人性之善了。

我们要证明人性善,不能拿任何一个小孩子来证。他还没有受过教育,没有进到社会。人是该指"文化人"而言的。我们今天说这社会如何黑暗,但如果真黑暗,那社会便会消灭,不能常此继续下去的。因此黑暗之后面,当自有光明跟着来。我们要放大眼光来看,人类文化的演进,一切的进步,就靠这一点。这不是有一个圣人,或一个哲学家,一个对政治上有最高权力的人指定一方向,要我们这样,而是我们的人性喜欢这样,才成这样的。这个"人"字,也不是专指眼前的我、你、他,是讲大群的人。我们从远处,从原始人,几十万年下来,不是一步步在向善的路上跑吗?恶也是永远不断的,因为自然人就是有善有恶夹杂着,然而恶的总胜不过善的。因为善的有一个历史传统在那里,恶的可以慢慢压制了,销毁了。可是也不能就没有恶。倘使恶没有了,那么我们人类就用不着有教育,有政治,一切没有,人也就完了。

讲宗教的人,有上帝必有魔鬼,然而魔鬼终究胜不过上帝。只是宗教是在心外面信有一个上帝和魔鬼。中国人转向心里来,上帝在我们心里,魔鬼也在我们心里。拿到社会上,上帝在社会,魔鬼也在社会。中国人的上帝和魔鬼,亲自看得见,体念得到。但这些东西由哪里来?推到源头处,还是上帝给我们的,也可说一切由"自然"来。

中国人说"天",便是"上帝"与"自然"混合的观念。可是我们不必问上帝,不必问自然,只问自己就够了。因为我们这个"心",这个"性",是"上帝"和"自然"给我们的。而这个心和性,是确实会向着"善"而前进的,因此历史也确实会向着善而前进,文化也确实向着善而前进。我们从这一个大理论、大信仰之下,来简单讲周公和孔、孟。这套理论与信仰，放到政治上、社会上、经济、教育一切上，来完成以后的历史，这就是我们所谓中国文化传统的一个领导精神了。

四

周公是一个在政治上活动的人，孔子呢？照现在话来讲，那就是一个社会上的自由学者，知识分子，而在中国则称为"士"。孔子以后，诸子百家兴起。经过两百多年，秦代统一。在周公封建时代，社会上还有贵族、平民之分。诸子百家兴起，贵族开始崩溃。到秦以后，中国就是一个平民社会，再没有贵族、平民阶级之分了。并未像西方罗马般，贵族、平民间，常引起非常激烈的斗争。中国古代的贵族阶级，却在和平的进程中消失了。

大一统政府开始，不能说不是在当时思想上先有了一个准备，先有了一个领导。倘使孔子也讲民族主义，他是殷商之后，不该向往周公。现在我们有许多讲历史的，就喜欢讲商民族或周民族，照这样讲，那就成为两个民族了。倘使孔子在当时，抱有狭义的国家观念，那么他生在鲁国，该是鲁国人。然在孔子心中，并不深刻存有民族与国家的界线，他只想行道于天下。孟子亦然，他见梁惠王，又见齐宣王，都不在乎。即是其他一切学者，在当时都不抱一种狭义的国家观和民族观，他们都想行道于天下。所以在战国时代，在士的阶层中，早已在那里做"大一统"的向往和运动了。在这样情形下，才能有此下秦、汉大一统的局面。

前人常把我们的战国比西方的希腊,认为秦以后,中国的思想系统断了,不再进步了,这话是大不可靠的。上面讲过,孔子思想,用现代话来讲,可说是一种人文主义的。只是和西方文艺复兴后的人文主义不同。孔子很看重政治,就这一点上来讲,耶稣就不能和孔子相比。耶稣说:"上帝的事情由我管,恺撒的事情由恺撒管。"当然在耶稣的时代,罗马人统制着东方,犹太人是被统治者,所以耶稣把政治方面事避开。在地上最大的是罗马,可是耶稣说,还有一个比罗马和恺撒更大的,那就是天国和上帝。耶教把政治撇开,佛教以及其他宗教,也多撇开政治不管。孔子不这样,政治是他教训中极重大的一项。孔子讲政治,是根据一个"道"来讲的。这个"道",孔子是承继着周公的。我们也可说周公的政治理想,也就是这个"道"。秦汉以后,儒家思想反映到政治上,我们也可说秦汉以后中国的政治,就是儒家思想的实施。当然我们不能说此下的中国政治全是儒家思想的,可是有儒家思想的主要因素在内,这是不成问题的。

大家知道,周公不是一个皇帝,孔子希望做周公。秦汉以下的政治,最要的就是皇帝下面有一个宰相,掌握着行政大权,实际是一"副皇帝",而由他负责政治上的一切。在西方政治系统里,像是没有中国般的宰相。中国的皇帝照理只代表皇室,宰相则才是代表政府的。中国并没有所谓"朕即国家"这观念。在先是封建,在后是郡县,这都是有一个统一的政府在上面的。不过秦以前是封建的统一,秦以后是郡县的统一。郡县制开始,宰相的权位就正式代表了政府。这里面又可分为三时期。宰相，是汉代的制度。中书、尚书、门下三省，是唐代的制度。明、清两代则是内阁制。

儒家思想之表现，往上是政治，往下就是教育。在汉代就有国立的太学了，这是从汉武帝起的。地方有郡、县学。由郡、县学推举优秀子弟进太学，太学毕业就可以补郎补吏，跑进政界。汉代的学校可说是官办的学校。国立学校里的讲座叫"博士"，博士讲的是"六经"，"六经"就是周公、孔子的教训。一般社会上的初级教本是《论语》和《孝经》，这都算是孔子的教训。由教育加上行政服务经验，再加上选举，考试，而参加入政府，这是汉代教育和政治直接相通的关系。

可是当时书本都是手抄的，不易得，因此读书人有限。跑进政府的，一个地方只有少数几家。这几家只要有了书本，就有了跑进政府做官的资本。此所谓"家世传经"。若使家里没书本，那就要不远千里去从师，把书本抄来。这非有相当财力的家庭办不到。故曰："黄金满籯，不如遗子一经。"在这种情形下，政府的门虽然开着，实际上的道路还是有限。这样就形成了"门第"，这就到了魏晋南北朝时代了。从前的子弟是进国家官立学校，到了门第时代，他们就看不起国立学校，都在自己家庭中读书。东晋以后，宋、齐、梁、陈诸代，都只有几十年的历史。而做宰相做大臣的家庭，从东汉下来，都经历了四五百年的长时期，文化传统都在他们家庭里。因此他们看不起政府。这样一来，士大夫家就变成了门阀。一般平民，没有受到教育以求上进的希望了。

五

在这时，佛教就跑进中国来。宗教本也是一种教。一般社会上人，总愿意受教、领教的。社会上教育的门关了，另外有人来教，当然大家就走这条路。佛教在当时能有极大的发展，这也是一理由。若说世界乱了，宗教就发达；世界好，宗教就衰退；这话也并不全是对。固然魏、晋、南北朝是乱世，佛教来了。但唐代的世界不得说不好，而佛教还是很盛。宋代社会又不好，宋代的佛教却衰了。可见宗教盛衰和社会治乱，并不准是双轨并行的。

到了唐代，门第势力开始解放，朝廷实施公开考试制度，大家都可向政府报考，考取后就可从政。可是这只是政府的一个制度，而指导人生的最高真理，那时已经不在儒家，而转归佛教了。那时读儒书的人，一面跑入政治活动，而他们的家也还维持着一个大家庭的礼教，但对社会一般人生的领导精神则逐渐消失了。大家看孔子，就像周公一样，是一个做宰相搞政治的，但指导人生的最高真理则在佛教了。

这时候一般穷苦子弟，没有地方读书，都进和尚寺去读。那时的和尚寺，它的藏书也不全是佛经，一切书都有。做和尚的也并不仅通佛学，一切学问都讲求。倘使他们不懂得孔子、老子，佛教还是不能在中国大流通。所以和尚寺里有很多书本，社会上一般年轻人到和尚寺去读书，等到他们学成以后，做了大官，建功立业，老年退休或政事清闲时候，就到和尚寺去拜访高僧，再讨论人生最高的归宿。所以唐朝人有些处很像近代的西方人，政教两分。做事的时候一心建功立业，闲下来的时候，就进佛寺同高僧去谈最高的人生哲理。当时就变成了世俗是中国的，而最高哲理方面则远在印度。这在社会内心，终不免暗藏有一个冲突，使人心不安。正如今天的西方宗教是希伯来的，科学是现代的，政治是罗马的，哲学是希腊的，这就使他们内心总有一个不调和的苦闷。

佛教来中国，经过魏、晋、南北朝时代的一段翻译时期，那工作是极伟大的，几乎把印度所有的佛经都翻完了。只如一部《金刚经》，就翻了七次之多，可见他们的精审不苟了。到了隋、唐，中国人就把印度佛教全部消化。于是遂有所谓"佛教中国化"，亦可谓是中国佛教的兴起。中国人自己开宗创派，最大的有三宗：一是天台宗，一是华严宗，又一是禅宗。尤其是禅宗，自称为"教外别传"。这是说在佛教以外的另一个别传了。佛教最尊的是"佛""菩萨"，而禅宗只有"祖师"。凡是佛寺，必有佛像和大殿，但禅寺中只有讲堂，听祖师讲演。到后来，连一切经典都不读了。

这一派仔细说来，很有趣，这可以说是中国佛教的一个大革命。中国的六祖慧能，就等于西方的马丁·路德。但西方的宗教革命，曾经造成大流血。在东方中国，只在佛寺里，嬉笑怒骂，平平淡淡地过去了。中国人的长处，便是能把许多问题在和平状态下解决。有人说中国人尚柔，西方人尚刚，这话也有理。中国人像是和平些，圆通些。西方人像是严肃认真些，一是一，二是二。这并非不好，但有时解决不了真问题。而中国人却轻轻淡淡地把此等问题来解决了。这也是一种智慧，可见国民性。

禅宗的故事极有趣，可惜我们不能在此来详讲这些故事了。总之，天台、华严、禅宗，都是佛教之中国化。佛教讲"涅槃"，本要在身后。修成佛、菩萨，也不是一世的事。到了中国禅宗，就有"即身成佛""立地成佛""当下成佛"种种话。照这样讲，现在的我，心下一悟就成佛。本该从烦恼中觉悟，逃出此烦恼世界，才算是"菩提"。而照禅宗讲，即在烦恼世界中，即可立得菩提了。那么何必出家做和尚，菩提随处可得。总之佛教的中国化，主要在把讲求出世的道理，拖进这世间来。当然天台、华严也都讲的是这个道理，而到禅宗，则更直接简单化了。似乎天台、华严尚多受佛家经典之缠缚，禅宗则更洒脱了。

六

后来中国思想界，又从禅宗转身过来，就变为宋、明的理学家。唐代人生最高哲理在和尚寺，搞政治的、经商的，都是世俗的，不免要和此人生最高哲理隔一层。一切世俗既缺乏最高真理，因此唐代之指导，那必然会出毛病。虽然富强，然而到了最后，几乎下不得台，等于罗马帝国般。罗马帝国崩溃以后就不能再有罗马，接着是一个黑暗时期。

唐代一崩溃，下面也同样是黑暗时期来了。五代十国，天地一片沉阴。在那时，逼得和尚寺里的大和尚们，挺身出来提倡读韩昌黎文了。唐代只有一个韩愈是辟佛的，当时的佛家当然讨厌他。然而韩愈所讲的是一套修身、齐家、治国、平天下的道理，上承孔、孟。五代十国时，这世界实在弄得没办法，只有和尚寺里还保留一线太平治安，因此才从和尚寺里的和尚们来提倡人读韩文，读《中庸》，读孔子、孟子的书。到了宋朝，几个伟大的学者，也都从和尚寺里读书出来的。因为当时仍没有学校。

接下来就有宋儒，有宋、明的理学家。理学家对中国社会有几个贡献，第一个是书院讲学。有了书院讲学，研究学问就有地方去，不必到和尚寺。凡是一个贵族社会，把知识的大门关着，宗教就会大发展。到了学校公开，知识解放了，宗教势力就会撤退，这是一定的道理。宋朝人"由释返儒"，一面接受了佛教菁华，一面再来重讲孔子。但宋朝以后人就不大讲周公，而爱把孔子、孟子联起讲。

从前汉朝人读书，幼学读《论语》《孝经》《尔雅》。《尔雅》只是一部字典，《论语》《孝经》也不算经。到了大学就读"五经"，这都是讲治国、平天下的。宋以后，中国出了第二个孔子，这就是南宋的朱熹朱夫子。朱夫子最伟大的贡献，在他另编定了《论语》《孟子》《大学》《中庸》为"四书"，奉为此后中国人人的必读书。其实《大学》《中庸》只是《小戴礼记》中两篇文章，并不是两本书。《小戴礼记》，是"记"不是"经"。从前汉代人小学读孔子《论语》，大学读周公、孔子的"五经"，"五经"中孔子只有《春秋》一经，主要是周公的，不过孔子亦曾下了一番工夫在里面。宋朝人看不起汉朝人，说你们看孔子，至多看他是一个政治家，没有能看到孔子是一个指导人生最高真理的人。其实宋人也是只有如此才能把孔子地位再来代替出释迦。

到了朱夫子出来，教人读"四书"更重于读"五经"。从前是把孔子承接周公，现在是把孟子承接孔子，在《论语》《孟子》以外，再加上《大学》《中庸》，如是则孔子就成为中国学术思想史，即全部文化史中间，第一位最高人物了。朱夫子又替我们定了一个阅读程序，先《大学》，再《论》《孟》，最后读《中庸》。读"五经"只能限在少数人。汉代正为提倡读"五经"，才形成了此下的门第。现在读书人多了，社会日趋平民化，不能叫每个人都去读"五经"。而且现在的时代又不同了，读"五经"，究竟关系在古代社会现实方面的多，后代人读了不容易明白。所以朱子就教人在读"五经"以前先读"四书"，"四书"都是原理原则的，比较时代隔阂少。朱子把儒学简单化、平民化了，正如禅宗把佛学简单化、平民化一般。只有如此，才能把当时中国社会上的佛学势力接收过来，但朱夫子已经是宋朝将临末年的人了。他死后，南宋不久也亡了。

当时中国本分成两个，朱夫子在长江以南，长江以北是金朝人的天下，已经是外族统治了。元朝人统一中国，朱夫子的学问就从长江以南传到长江以北去。当时有一位赵复称江汉先生的，蒙古人打进来，读书人都当俘虏去做工，他到了俘虏营里，半夜偷跑出来跳江自杀，被人救了，劝他跟着到北方。他把"四书"背诵出来教北方人。本来"四书"也就很容易背诵，连朱夫子的批注一同背，也不很难。赵复到了北方，开始拿这套学问来教人。于是朱子学反而得流传到北方去。元代统一以后，中国南北到处设立书院来讲学，主要讲的就是"四书"。元朝亦承接着唐宋的考试制度，但考试的主要项目，亦在"四书"。明代承之，科举取士仍重"四书"。这件事现在又有人随便胡说，说明太祖姓朱，朱夫子也姓朱，所以明代考试用朱夫子的书。其实哪里是这样。

明代考"四书"，也该要编一部参考书，这就是《四书大全》了。我们只要一看《四书大全》，便可悟得朱夫子死后，到明太祖起来，经过元代这八十年，读朱夫子书的人不晓得有多少。明代得天下，朱子"四书"的地位已经准备好在那里了。从明到清，中国人考试主要考"四书"。兼考"五经"，不过是聊备一格。只要是一个读书的中国人，这七百年来，是没有一个不读朱夫子的"四书"的。

七

无论一个国家或社会，总要有几许共通之点，为大家所共尊共信的。若拿法律来统制人，这只是消极的。"杀人者死，伤人及盗抵罪"，我不偷东西，不杀伤人，就没事。但一个社会不能如此维持，更不能如此期望有上进的。总要有一个向前的共同标准，这标准又得简单而有广大深远的意义。近代西方人，没有不读耶稣《圣经》的，至少在这一点上，他们社会是有一个共同中心的。

中国自汉到今，一部《论语》可说没有人不读，已经有两千几百年的历史了。只有今天，在中国人心目中，已没有一本书该是大家都要读的。一个民族要向下维持而没有一本大家公认、人人该读的书，这真是危险的。现在的中国人，有的说十亿，有的说十一亿，相互间没有一个共通的尊信，这不可怕吗？因此倘使将来的中国，要把从前的传统接续上，再求向下维持，至少这一部《论语》是要承认的。我们中国今天高呼要"打倒孔家店"，孔家店打倒了，又来一个什么呢？或许你可以信仰耶稣教。但耶稣教同中国人，在眼前是仍有一个距离的。历史进展也有成熟不成熟，和合不和合之分。

讲到这里，我觉得西方人现在在中国传播耶稣教，似乎不如已往佛教般顺利。因当时主持佛教的大师，都是中国人。西方人来中国传耶稣教，历有年数了，但大部分牧师、神父却多是外国人，因此耶教就不易在中国生根了。还有一点，中国人信佛教，千辛万苦去印度求法。耶教在中国，信受了便眼前得许多好处，甚至见称为"吃教"。这会引起社会上反感，使宗教流布转生了障碍。孔家店打倒了，耶稣一时跑不进人心，无怪马克思要进来了。既成了一个社会，势必有一个共同的所尊所信，那是无法拒绝的，否则这社会也快解体了。

中国社会本是"政教一体"的。"士"这一流品在中国社会之重要地位便在此。当然诸位可以举出许多例，如说天下乱了，政治不清明，官吏贪污，读书人罪行多端。但此刻我们所讲是儒家的大原理大原则，事实上的例外是有的。等如我们讲耶稣教，也只能举耶稣教的大精神大原理来讲，我们不能单根据一个流很多血的宗教战争，或者几个牧师、神父传教时的越轨行动，来一笔抹杀耶稣教。中国读书人在乡村做土豪劣绅，跑到政府做贪官污吏，在历史上亦不可胜数。可是一部中国历史，是由儒家精神、士的精神维持下来，这是无可否认的。这种精神发扬开来，这个时代就好。这种精神颓败了，这个时代就不好。

到今天，我们这个传统是切断了。今天以后的中国，等于一副牌打过要重来，一盘棋下完要重下，一座房子拆下要重建。而这座房子还没有拆干净，还屹立在这里。我们对旧的应该有一个安排，对新的应该有一个准备。朱夫子当时，也并没有完全照着孔子。王阳明也没有完全照着朱夫子。我们今天应该了解一个大趋势，在中国应该怎样来安排下面的新局面，此刻中国的毛病究竟在哪里。我们不能没有对过去的知识，来为当前下手做参考。

第三章　中国文化本质及其特征

一

我们上面已经讲过中国民族和社会的历史，现在我们要讲中国的文化。要讲中国的文化，我们先要讲"文化"二字究竟指的什么。这两个字，西方人也有各种讲法，没有一个统一的意见。我今天所讲，也不一定就是其中最好的意见。

我以为"文化"就是人群整个全体的生活。个人的人生，不能就叫做文化，文化一定是指大群的，因此要从全体来讲。而且这个全体还不是一个平面的，应该是一个立体的。不仅是人生的各部门、各方面，还要有一个历史的传统在里面。因为我们的生活，不论任何一部门、一方面，都有一个历史性的传统在里面。譬如我们穿衣服、吃东西、住房子，都有长时期的历史演变直传到今天，而且尚有将来无穷的持续。因此我们讲文化，要拿各时代、各部门、各方面，过去、现在、未来，综合在一块来讲。所以文化必有一个体系。外国人一到中国，就会觉得中国人的生活，从各方面讲，都和欧洲不一样，这就是文化的不同。由这一点，我们可得到一个很浅的印象，觉得这个地方的社会和那个地方的社会有不同。因为这已经是人生的各部门、各方面、各时代，都融合在里面了。

我们今天讲文化的体系，我以为要拿我们的生活分成几个阶层来讲。第一阶层是"物质的"，也可以说是经济的，包括衣、食、住、行等等。这是文化的第一个基础，没有衣、食、住、行，就没有人生，没有文化，这是很重要的，这是最底层的第一个基础。进到第二个阶层，就是一种"群体组织的"，也就是人与人相处的一种社会的生活。譬如我们处家庭，处社会，处国家，都在这种生活中。一个人开始生到社会上来，首先就是要解决他第一阶层的生活。这种第一阶层的生活，普通动物也有。第二阶层，就要组织家庭、社会，有政府、有国家了。这是群体生活，唯人类始有之。到了第三个阶层，这就应该到了"心灵陶冶的"生活了。到了心灵上的生活，这就有文学，有艺术，有哲学，有宗教信仰了。

我想大体上我们可以拿文化的各部门、各方面分成这三阶层，从第一个跑进第二个，再跑进第三个。当然我们也不能严格地分，譬如我们的衣、食、住、行，吃饭是一个家庭在一起，住房子也是一个家庭在一起，我们的经济，从深处讲来，实不啻一个民族、一个社会、一个国家和合在一起。在群体生活的这个阶层中，父子夫妇就各已有了心灵的生活在里面。夫妇有爱情，父子有孝慈，这就是第三阶层已经在第二阶层中现出了。

今天的人生，这三阶层早已融成一个了，但我们为研究讨论方便起见，不妨分成三个阶层来讲。譬如我们最先组织了家，当时或许不懂得讲夫妇父子之爱，慢慢地在这里面就发现出一种精神的、心灵的生活来。我们固然不可能没有第一阶层物质经济的生活，可是我们不能只停留在第一阶层的生活中，而第一阶层的生活也不能决定了第二、第三阶层的生活。这就是说，生产条件不一定能决定家庭组织和宗教信仰等。我们且把此三阶层，来看世界各个民族的文化体系。我们今天只想粗略地来讲三个大体系，一个是中国，一个是欧洲，一个是印度。

二

在这三个大的文化体系中，我们只能说印度是一个早熟的文化，它的发展是畸形的。印度的气候炎热，物产丰富，物质生活很容易解决，因此在物质生活上，反而不能发展到一个高度去。再拿印度的地理来看，三面环海，海边还有高山，北方也有高山阻障，只有西北有一条路可以向外交通。现在的印度人也是从这条路跑进印度的，以后从这条路跑进印度的就很少。像亚力山大和蒙古的军队打进去，这在历史上是不多见的。因此印度对于第二阶层国家群体的发展也不高，因他们不感觉有此需要。但印度文化也曾发展到最高的一个阶层去。如其在宗教、文学、艺术、思想方面，不能说印度没有一番成功。这种情形，就等于一个人心脏、肠胃、手足都不健康，而那人的脑力特别丰富，智慧特别高。这可以说是一个天才，也可以说是一个病态的人。所以我说印度文化是一个畸形的、病态的。这当然也是受了天地自然的影响。

西方人的文化，我们可以说是从希腊人的个人主义，罗马人法律、军事、政治的群体组织，再加上希伯来的宗教信仰，由这三方面合起来。实际上西方的宗教起得后，先有希腊、罗马，才有耶教。耶教到罗马去，当然也要受罗马的影响。因此在耶稣教里面，自然就已经有了希腊文化和罗马文化的成分。耶稣固然有一种"博爱"精神，实在说起来，里面也有一种希腊的所谓"个人主义"。譬如我们同在一个教堂里，多少人同在一起祷告，但是我的祷告和你的祷告，相互间可以没有关系。每个人都想直接接触上帝。这就是一种个人主义了。我们研究耶稣教的理论，它是很多采用希腊哲学的。诸位倘使是教友，研究他们的神学，有的是采用亚里士多德，有的是采用柏拉图。拿希腊的哲学思想和耶稣的教义配合起来，主要的还是有个人主义的色彩。不过同时耶稣教特别坚强的有一个组织，这就是罗马精神之表现。天主教的教会，到今天教皇在梵蒂冈，他可以没有国家，没有政府，而在全世界保留一个严密的组织，可以维持这许多年下来。这个教会组织就是罗马精神了。

因此耶稣教开始只有耶稣的教言，后来的神学就有希腊文化掺入，教会组织就有罗马文化掺入，实在耶稣教已经容纳了希腊精神和罗马精神。以后又有文艺复兴，我们更不能认为今天的耶稣教就是耶稣教，和希腊、罗马文化分开讲。这样再加上现代科学，四个来源凑合起来，就是今天的西方文化了。

我们拿中国文化这个体系来同印度的体系做比较，我们觉得中国文化是健全的，是从物质阶层进到群体阶层，再到心灵阶层，这三阶层又分配得很均匀，不像印度人单在一方面发展。倘使拿中国文化同西方文化做比较，西方文化是复体的，希腊的、罗马的、耶稣教的，再加上他们自己原始的民族性，再加上近代的科学。他们的文化多半是外来的，宗教固然是外来的，哲学也是外来的。因为今天的欧洲人，不是希腊人，也不是罗马人，有他们原始的民族精神，有他们本来的天性，再加上这三种外来文化和现代科学，因此西洋文化是多彩多姿的，其短处在不容易调融和合，时时在内部起波澜，起冲突。中国文化是一本而来的。我们今天拿中国文化同西方文化比较，当然中国文化有它的发展，也有它的短处。

我们谈文化比较，不能空洞地讲，要拿现实成绩来讲。我们要知道文化演进，绝不是一条直线向前的，从来的历史都不是直线向前的。我们近代接受了达尔文进化论的观念，往往认为下一代比上一代进化了，这话实在不可靠。尤其是我们看历史，历史是波浪式地往前进，绝不是直线的。

倘使我们把中国历史照波浪式画出来，又把欧洲历史也照波浪式画出来，再来两面相比，应该是中国的比欧洲的平均高一些。在清代乾隆以前，中国人在此三个阶层的文化造诣上，绝不下于西方人。马可波罗来中国，回到西方，写了一部游记，西方人见了，绝不相信世界上会有这样一个国家。偌大的地区，只有一个统一政府，到处有城市、有商业，而没有关卡，没有军队，大家安居乐业。这样的世界，在西方当时是不可想象的。我们即拿今天的西方来看，各位到西方去，坐在餐车里打一个盹，就会换一个国家，就有人上来查你的护照。直要到近两三百年，现代科学出现，世界才变了样。

我们拿物质文明来讲，罗马也绝对不能比中国的唐代。双方纵说富强相似，唐代的宗教、文学、艺术种种人生的高境界，罗马都比不上。而如罗马的斗兽场之类，在唐代也没有。我们尽往上看，无论哪一时期，把中西文化，拿波浪形画出两条线，中国文化绝不比西方文化来得差。可是从道光以后，我们是在直线下降，西方是在直线上升。这时以来，处处相形见绌不用说。但我们总不该单把此一横切面来推断双方之全进程。

三

一百年来，中国受西方帝国主义的压迫，使中国变成一种"次殖民地"的地位。此事说来亦简单，主要一件，像如纺织物的侵入到中国的乡村。当时中国乡村，每个家庭里，纺纱织布本是一个重要的辅业。自从英国的纺织品卖到中国来，中国人都买洋布穿，此种家庭妇女的手工业就完全崩溃了，中国人的金钱财富源源流到英国去。衣服是人人要穿的，春夏秋冬四季，每人做一身衣服，当时的中国四万万人，要多少尺布？英国的洋布、棉花从印度来，纺织成了布，就向全世界销，而销数最多的是中国。中国农村破产，就从买洋布开头。所以印度的甘地反抗英国，第一件事就教印度人不要买英国布。他自己带一架手摇车，由自己亲手来纺纱。这是很有意义的。不料一百年后，香港的布匹转而畅销到英国去，英国兰开夏的资本家讲话了，他们说香港布再这样销，他们就不能生存了。英国国会当然代表民众，出来要求限制香港布的入口。这虽是一件小事，却大可玩味。首先我们该把眼光放远一点，世界的情形不是到今天就切断，下边不再有变化。

我们讲文化，岂能专据眼前讲。即就专据眼前，英国人到香港来贩鸦片，中国人反对，才有鸦片战争，把香港割让给英国。现在是香港的中国人到英国贩布匹，英国人说该限制，香港纺织商人也就答应了。中国人固然好说话，然而这件事不能不说是英国人的一种耻辱，这是一件历史文化上的耻辱呀！香港是哪样到英国手里的呢？还不是因贩鸦片打来的。布匹与鸦片不同，而且香港目前是他们的殖民地，他们却要限制香港布匹去英国。若就我们东方人的传统文化观念来评观，这哪能算合理？写在历史上，哪能算光荣？又如何能服得人？

我们当知一个国家也不能纯讲武力和经济，总应有一个"人生大道"在里面。倘使我们真信仰有上帝，或真信仰孔子的理论，倘使我们真认识人类几千年历史不断的演变前进，我敢告诉诸位，若单就这一点言，英国的前途，不会老在中国人之上。我此十年住在香港，香港这一个小地区，十年来流亡到那里的人，居然能把他们的纺织业威胁了兰开夏的存在。兰开夏的纺织业，就是一百年来大英帝国殖民政策的一根大管子，中国人的血都从那根大管子抽去。而今天他们却说受了香港流亡人压迫了。这不是值得发人深省的一件事吗？

我们总说科学为什么不到中国来。我敢说这只因社会不安定，并不需要打倒孔家店，把线装书扔茅厕里，废除汉字，把大家洗了脑，科学才会来中国。中国这几十年来，一年到头在打仗，社会不安，科学怎么能生根？在香港，才有十年安定，各种事业也都起来了。倘使中国大陆也能有十年安定的话，就以香港为例，香港人就是中国人，可见孔家店不必打，线装书不必扔，汉字也不必废，科学仍然会来中国。中国人去西方学科学，尽有成绩出人头地的。中国人哪个不喜欢发财？哪个人不能经营一个公司行号？我们不用怕，政治一安定，科学就在中国社会生根了。道在迩而求诸远，许多人闭着眼睛瞎讲，说中国文化同西方文化冲突了。其实何尝是这样？科学到中国来，中国不是不能接受的。这一百年来中国社会不安定，科学不容易生根，这也是简单易明的事。

我们今天不如西方人，这也是一时代的事。明天的中国，谁也不知道。从第一次世界大战到第二次世界大战，再到今天，英国领导世界的地位已让给了美国人，法国人更像在走下坡路。中国人至少在此五十年间是在翻身往上爬。这个端倪，从辛亥革命就已经见到了。

四

　　所以我们讲文化，应该把双方做一个比较，而这个比较一定要放大眼光，要拿人类历史全进程来讲，不能横切一短时期来讲。在今天的横切面上，当然中国不如西方，谁也不反对这话。可是今天的我们，不能代表中国文化的光荣面，我们的时期，不是中国文化到达了最高表现的时期。如果说我们现在就是中国文化最高表现的代表，我想谁也不能这样讲。我们今天是在堕落时期中，我们的祖宗并不曾永远在堕落。堕落的是我们，而今天的我们不自负责，却说中国传统文化不好。今天的我们，懂得了世界潮流，懂得了时代趋势，懂得了从前的中国人一路都是错。我想我们如此讲，似乎太不公道吧！简单说一句，大家不研究历史，随随便便提出文化改造的口号，哪里有如此简单的事呢？

　　文化体系好像七巧板，七块板子拼起来，可以拼成一个建筑物，拼成一匹马，一条船，或者一个人。用各种方法可以拼成各种花样。文化体系，乃是更复杂的七巧板，就物质人生讲，就有农、工、商、矿、渔、牧等各业。就群体生活讲，就有家庭、国家、政治、法律种种。就心灵生活讲，又有艺术、文学、哲学、宗教等。各系文化中各部门的内容，似乎都是差不多。因此有人说，大家是个人，文化只该是一个，如何硬分东方和西方？西方人进步了，东方人落后了。东方人能进步，也就会像现在的西方。今天的中国，则只能同西方的中古时期相比。这种话虽不是在主张"唯物史观"，实已很近乎唯物史观的道路了。

中国高谈文化问题的人，要来做启蒙运动，要来一个中国的文艺复兴。因为他们想中国人往前一步，便会像西方人。我的看法，这七块板中，只要一块的位置换了，块块都得换，只换一块板，其他六块都要跟着动。

我姑举一个浅显的例，中国人讲孔子，西方人讲耶稣。此两人是有其不同之点的。他们在中西文化体系中，也如七块板中的一块。虽然孔子不是宗教主，他也在那里教人做人的道理，和耶稣有其相同点。但我们今天主要在求其"异"。我觉得中国孔、孟像是板着面孔讲话的。忠孝呀！仁义呀！道德呀！甚至说：鱼，我所欲；熊掌，我所欲。二者不可得兼，舍鱼而取熊掌。生，我所欲；义，亦我所欲，二者不可得兼，舍生而取义。孔子说"杀身成仁"，孟子说"舍生取义"。中国人讲道德，连生命都可舍。当然耶稣也上十字架，然而双方的讲法确有些不同。中国人讲道德，总是你该这样，该那样。你该孝，父母不慈仍该孝。你该忠，国家昏乱还该忠。西方人跑进教堂，或者晚上在自己床前跪下祷告，他说："我错了，请上帝赦我。"西方人的宗教，像是放你一条路似的。一个儿子去从军，老母送行，没办法，只好请上帝保佑。中国人怎样呢？如像岳武穆的母亲教她儿子，她尽说你该为国忘家，到前线再不要怕死。这就是中国道德教训和西方宗教不同之处。

中国人沉浸在此种道德教训中，似乎一举一动，处处受束缚。这里便该谈到中国的文学和艺术。我认为孔、孟之书，和中国的文学和艺术，是一张一弛，相互为用的。这两块七巧板配搭在一起，就有一个平衡。西方的文学艺术，是站在人生前面的，它在鞭策你向前，倘使碰了壁，就到教堂里：上帝赦我！上帝帮我忙！他们的文学常是火辣辣的，教堂里的唱诗祷告则是温暖的。倘使我们拿中国常用的"阳刚阴柔"四个字来讲，孔、孟道德教训是阳刚的，而中国的文学艺术则是阴柔的。西方人的文学艺术是阳刚的，是刺激人积极向前的；而西方人的宗教则是阴柔的，解放人，安慰人。中古时期的人，老在教堂里祷告。一旦文艺复兴，他们的文学、艺术、音乐、舞蹈、戏剧，都教人向前，此所谓"由灵返肉"。碰了壁还有个教堂在那里。

今天我们中国人，能欣赏中国文学艺术的太少了，大家都喜欢跑进电影院看电影。看了回来，晚上会使人睡不着觉。这些都是热辣辣的，刺激人，兴奋人。它就是要你的心不安，要你往前跑。西方人碰了壁，闯出问题来，还有个慈母耶稣教在旁边。我们怎样办呢？所以我们尽爱外国文学，看外国小说，也就该信耶稣教。因为人生尽向前，该有碰壁的。碰了壁，有一个慈亲在那里可以安抚你，慰勉你。

孔子、孟子讲忠、孝、仁、义、道德，我们今天的教育，还脱不了此种传统。如我现在住在山上，房间是忠字第几号，那边是孝字几号。社会上还是要我们忠，要我们孝。我们得闲夜间去听一段平剧，如梅兰芳《贵妃醉酒》，载歌载舞，听了，全心都放下，晚上睡觉，没有一件事在心里。即如像《四郎探母》之类，剧情是紧张，够刺激人的，但剧情放在清歌妙唱中，不比西方话剧，硬绷绷，太现实了。而且如《四郎探母》，临收场，两个国舅由小丑扮，胡闹一场，仍使人心下轻松，叫你不要太郑重，太认真。又如看一幅中国画，几根竹子，一双小燕，溪边小船，山上白云，那都是何等洒脱，几使人如在世外。我们读陶渊明的诗，心地自淡。读杜工部的诗，虽是这样艰苦备尝，关心君国，读他的诗仍是心中解放。异代同情，好像得了一安慰。

所以我们若真要认真接受中国孔、孟教训，同时应该了解一些中国的文学和艺术。这些不是老在你背后鞭策你向前，或老在你前面引诱你向前。鞭策你、诱导你的是孔、孟，犹如家中父兄。退下来有陶渊明、杜工部，这就是慈母和姊姊，可以使你解放得抚慰。西方文化这两面是颠倒过来的。倘使中国的小孩子，看了西方电影，跑进学校，还是在"学而时习之"呀，"何必曰利"呀这样地教他，那将如一种苦痛的刑罚，将会使他内心失却平衡与调和。因此事情总是要各方面有配合的。中国社会直到今天还能安顿在这里，其中必有一道理。如果什么都不注意，随便一句话说我要这样，要那样，是会入歧途闯乱子的。

西方的宗教，讲上帝、讲天国、讲灵魂、讲身后，这些东西都不在眼前，都是凌空的。我们读他们的小说，看他们的电影，看他们的画，那就现实得很，都像是实实在在你面前的。一篇小说里叙述一个人，就如这人在你面前，描写一个房间，就像你真跑进了这房间。中国人的教训，父子、兄弟、夫妇、君臣、忠孝、仁义，都是具体的、现实的，一点也不玄虚、不脱空。但是一到文学艺术境界，就不同了。风花雪月，流水行云，都像离开了人世间，都凌空了。

现在我再要告诉各位，中国的文学家，具体说来，他们的生命实都是悲剧性的。最早如屈原，便是一例。最具体、人人俱知、最可做代表性的，便如宋代的苏东坡。他的一生，进过监狱，几乎遭了死刑。屡遭贬滴，最远到了海南岛。即如他在黄州的一段生活，也可算得十分悲凉了。他有名的《赤壁赋》，便成在当时。即如他同时稍前的欧阳修，又如欧阳修最所崇仰的唐代韩愈，他们的具体生活，也就十分悲凉，甚难详说了。我上面举到的陶渊明和杜工部，已可算得是文人中命运较好的。所以韩愈说："文以鸣不平。"其实除古文外，骈文、诗词、歌赋，乃至以下的传奇、戏剧全如此。这哪能和西方文学家戏剧家的实际生活相比呢？要在西方文学家中找一位和我们中国文学家生活比较能约略相似的，似乎只有俄国的托尔斯泰一人了。

所以中国的文学艺术，全是在艰难痛苦的实际生活中来自作安慰的。而西方的文学艺术，则是在引诱人、领导人，进向一想望快乐的生活中去。那又是中西文化一绝大不同点。但我这里所讲，实在亦不止于文学之士，即如"孔、颜乐处"，亦就可想。这些留待下面再讲。

五

所以我们要了解一件东西，要在他的整个里面去了解，要在全体中间去了解。讲到任何一项学问，也该在整个文化体系中去了解其意义与地位。这就关系落实到具体问题上来了，那就很复杂。譬如民主政治中之竞选吧！在西方，像像样样一个人，到处去演讲，你们只举我就行，他当众指摘对方的竞选人。史蒂文森在批评艾森豪威尔，艾森豪威尔也在批评史蒂文森。竞选完毕，双方握手，如无其事。可恨中国社会急切学不成那一套，大家推举他，他还得说，怕我不胜任，既然大家相强，让我勉为其难吧。这在中国还说是"君子之道"。我不能公开骂你，也不能自己说我比你强。在中国这种传统之下，一旦要移风易俗，来做西方式的民主竞选，真是谈何容易？文化体系之不同，实是很具体，亦很复杂的。

所以我们讲文化，讲历史，定要从全体里面去了解其各部门。拿各部门分开来，我研究政治，你研究法律，要能大家配合起来。譬如造房子，我做窗，你也做窗；我做门，你也做门，窗有长短，门有大小，大家各不相关，埋着头去做，拿来配不成一所房子的。定要先有一个整所房子的计划，由此计划图样分头做门窗，拿来才配得上。

因此，我觉得，我们将来应该添一门学问，就是"文化学"。从前没有经济学，现在有了。从前没有社会学，现在有了。从前没有文化学，不久亦当会有。这不是讲历史，不是谈哲学，须要把人类文化的各方面各部分整合起来，做一门学问来研究，这是将来极大的一个工作。

今天西方虽也没有这样一门功课，但讲历史的人讲文化，讲哲学的人也讲文化，早已注意到此了。我们这几十年来，也慢慢喜欢讲文化，但还没有认真地去讲，好像一讲到文化就什么都可讲。当然我们也可说抽大烟、打麻雀，女子裹小脚，这些都在文化里面。可是真讲文化，不能如此专在太琐碎处讲。以前女子裹小脚，中国社会是这般，以后放了天足，中国社会还是这般。今天中国，已很难找到女子裹脚的，但是中国社会并没有大变，因为女子裹脚在文化大体系中，实在并不占重要位置。譬如一所房子，偶然在那里有一点脏，拿扫帚一扫就行了。你不能专着眼在这一点脏上，说这所房子根本要不得。果使一所房子的价值，就在这一点脏的有无上，那就太简单了。打麻雀，也如此。我们今天可以订下一个办法，像冯玉祥以前在洛阳一样，大家都在打麻雀，他晚上派人出来查，查着，叫这四个人抬着桌子出来游街，以后大家就不敢打麻雀。但大家不打麻雀了，中国的政治、社会、人生，还是照常，没有能真把中国救了。这因主要问题并不在这些上。若真在这些上，那就容易了。

西方人初来中国，就喜欢看这些。他遇见一辆独轮车，一边坐一位老太太，一边放一头猪。他就说，这就代表中国的人生和文化了。他必然会拍张照片，写条新闻，做一报告。他不知他所见甚小，值不得大惊小怪。从前前清时代我们都拖一条辫子，后来全把辫子剪了，但中国文化传统还是照常。这些全是外皮，一个人面上生一个疤或疮，这不比心脏有病，我们不要太看重这一个疤和疮，要看重心脏。但什么是文化中的疤和疮？什么又是文化中的心脏呢？这就该有研究了。

第四章　中国传统文化中之人文修养

一

几年前有一个人问我,你常讲中国文化,能否扼要用一句话来说出中国文化的特点呢?我说,这层我还没有想。事隔多年,我自己认为,可以作为讲中国文化的一个中心领导特点的,那就是"道德"两字了。

我说"道德"两字是中国文化特点,即其特殊精神之所在。那么西方人是不是不讲道德呢?当然他们也讲。但我们拿中西文化来做比较,中国文化是注重于"人文精神"的。当然也没有一个文化不注重人,不注重社会。但中国文化则彻头彻尾看重这一面。

我们拿哲学来讲,哲学思想中有一个极难解决的问题,就是关于"宇宙论",以及"形而上学"的问题。在中国思想里,却不大认真去讲这些,因此欧洲人以及印度人讲哲学,他们常若世界是有两个,亦可说有双重的。中国人似乎认世界只有一个,只是一层的。这话怎讲呢?也就是说中国人心目中只有一个天地,没有两个天地。佛教进中国,和中国思想发生冲突,就在这些上。不过我们今天不是来讲哲学，不能在此多所阐发。

普遍说，中国人是现实的。我想人生不能太现实，太现实要出毛病的。中国人的现实，只是"理想"和"现实"融在一起，打成一片的，都在这一个圈子里。西方人的"现实"和"理想"则是两层的，譬如说灵魂、肉体吧，从肉体生活到灵魂生活，灵的世界到肉的世界，这是双重的。中国人并不是只讲肉体，不讲灵魂，也不是只注重人生，不认有天堂。但中国人是拿这两个观点和合在一起了。

当然我们现在讲文化，我们不能从政治、经济、社会、家庭、法律、艺术、文学等等，尽无穷地各自分别来讲，我们只讲一个指导人生最大的方向、最高的理论。我们且从西方的宗教和中国人的孔孟思想来讲。

上面我们说过，宗教在西方文化体系中，是占一个主要地位的。现代欧洲史，要从中古时期北方蛮族接受耶稣教讲起。希腊、罗马，只是把来安装在上面的。今天西方的科学发明，并不能动摇、泯灭他们的宗教信仰，而且今天西方人还在那里希望复兴宗教。中国人主要是讲儒家思想的，便不再需要有像西方般的宗教。倘使西方人要深入研究宗教，他们就要进神学院。但中国人讲儒家思想，主要在研究心性之学。宋明理学家在中国思想史上的贡献，就为他们能注重在研究心性之学上。所谓修身、齐家、治国、平天下，都还是摆在外面的。正心、诚意，才钻到里面去，才是所谓"心性之学"。

这个"心"，西方人是不讲的，西方人只讲"灵魂"。

讲灵魂就讲到神学，因由灵魂可以直接到神世界。到了近代的西方人，他们有了科学，从物理学、生物学、生理学，才接上有心理学。十九世纪时代英国有一个口号，说他们研究心理学，一定要研究一个"无灵魂的心理学"，要把灵魂撇开，才始能有心理学的研究。我们从"无灵魂的心理学"这句话中，就可看出西方人认"心"有两个，一是"灵魂"，另一始是"心"。他们怎样来研究人心呢？我们读西方心理学的书，都知他们是先从所谓视觉、听觉、触觉、嗅觉、味觉各方面研究起。研究我们的眼睛怎样能看，耳朵怎样能听。其实这不过是物理学加上生理学。慢慢研究下去，又有动物心理、比较心理、发展心理等。在西方人观念中，心是人禽所共的，只有灵魂才是人所独有的。他们把心下侪于物，而把灵魂上通于神，这就成为两个世界了。

二

英国哲学家罗素，认为近代西方心理学界有两大发现，一是俄国一位心理学家名叫巴甫洛夫的，他发明了一种所谓"制约反应"的学说。他把一条狗来做试验。他装了一盏红色电灯，电灯一开，即同时放上一块肉，狗想吃这块肉，嘴里唾液就流下。一次又一次试验，多少次以后，只开那电灯不放肉，那狗一样地流下唾液来。这是近代西方心理学界所谓极大的发现。可是这个发现太悲观了，人类各自有一个心，而自己不能自主，岂不可叹！一块肉和一盏电灯放在一起，当初是因为有肉而嘴里流下唾液来，以后成了习惯了，只开电灯,一样流唾液。人类当然也有这样情形的。西方心理学家就爱把动物来做研究,再把动物心理来讲人类心理。养着老鼠、兔子、狗、猴子,一天到晚来做试验,试验有了结果,就拿来讲人的心理了。

第二步就试验婴儿小孩。拿婴儿小孩的心理,也可来讲成年人的心理。慢慢讲下去,就讲到群众心理。从前的希特勒,就是抓着群众心理的。一句话说一遍,人家不信,说三遍五遍,十遍八遍,人家也就信了。他叫你举手,叫你欢呼,也许你心里不很赞成,但这他不管,你只要举手,只要叫希特勒万岁!你叫上十次百次,就会真的觉得尊严在那里。这个道理,也就如苏俄那位巴甫洛夫研究狗的心理一样,你的心不由自主了。西方资本主义社会的广告心理也如此,你只要广告登得多,东西就可推销掉。可见今天的资本主义世界和极权统治的世界,都会利用人类心理上的某些弱点的。

罗素所说,近代西方心理学的另一大发现,则为奥国医生,名叫弗洛伊德的。在第一次世界大战时,军队前线士兵很多发生高热病以及神经病,送进医院,那位奥国医生在这些病人身上就研究出一套所谓"潜意识"的学说来。此种学说又称"精神分析"。俄国的那一套,所谓"制约反应",是说外面东西刺激来,你怎样反应,他可以限制、约束你,使你照他所想般去反应,不由你自主。所谓"精神分析",是讲我们人心,可分为两种意识,一种是"显意识",浮在上面的,一种是"潜意识",沉积在下面的。假如我们的意识层可划出一条界线的话,潜意识就是我们有许多意识被压制了,沉积到那条界线下面去。人总不免在平日间有许多欲望或冲动,或者受了外面约束,有许多是出于自制,把这许多欲念与冲动压制着,他自己也不知道。可是这许多欲念或冲动却依然存在,只是压抑在心的下面成为潜意识。

到了我们自心的约束比较松懈一点的时候,好像门没有关,小偷就跑进来,好像先生不在,小学生就胡闹般。我们晚上睡觉,意识作用松懈了,这种潜意识跑出来活动,这就成了梦。倘使我们平常有一点修养的话,那些潜意识还不敢径就暴露真象的跑出来,还得变一个样子。譬如我们日间在街上看见一个漂亮女郎,一时很想能同她握手谈话,和她接近。可是情势不便,街上许多人在那里,怎好意思呢。在这种情形下,这个不好意思的意识就压下去了,可是并不是全消失,不存在你心里。到了晚上睡觉,这个未满足的心理要求,就会跑上意识线上来。没有修养的人,会径自看见那女子。有修养的人,他心上常有戒备克制的能力,晚上睡了他还能自己控制自己。他梦到花园里,摘下一朵花佩在衣襟上。其实花就象征那女郎,插花在衣襟,就算了却你日间的心愿。

又如一个小孩子,家里来了客人,父母亲拿出一盘糖来请客人吃。小孩子在面前,父母要他学规矩,叫他不能放手拿来乱吃。小孩子受了父母管教,唾液往口里咽,只能眼睛看,这就会有了心病。他下次再看见这种糖,会特别感觉得好吃。也就是心理上受了一点压制,因此犯了心病,病虽不严重，总就反应异常了。因此近代西方人教小孩子，主张放任，他要吃糖就给他吃，不让他心理上受委屈。其实这种教育对不对，还值得再研究。

那位奥国医生就因觉得他的病人有些是因心理上曾有大苦痛或大惊恐压下去，心病重了，转成生理上的病，因此发高热或甚至狂了。若你能用什么方法，使他把压积在心，连他自己都不知道的经过再浮现，坦白讲出来，他的病也会好了。

这种近代心理学上新发明的精神分析，有些说得十分有趣，但都不是随便说的，都是千真万确的，由临床实验得来。由热病，到神经病，到疯狂病，有的变成精神分裂，变成二重人格，现在都可把来归入这一类心理学的研究中。总之，上一节所讲制约反应的学说，是说"人心不由自主"的。刚才所讲的精神分析，是说"人心不能自知"的。人心不自知和不自主，是同样可悲观的。

近代欧洲人研究的心理学，正为是要"无灵魂的"，又为是要"科学的"，可说很少一部分能接触到人的真实的心。上述的制约反应和精神分析，却确实算是接触到人的真实的心了。可是这样的研究，对人类就未免太悲观了。人心根本在不自主、不自觉的境界中。制约反应拿狗来做试验，心理学家告诉我们人也如狗，自己对自己不能自主。精神分析把病人来做试验，心理学家告诉我们人也如病如狂，自己的一切，自己意识不到。但是我们要问一句，若使世界上这五十多亿人，都是自己对自己不能做主，自己不能了解自己，那么人类岂不自己负不了自己的责任？这世界还得了吗？不仅如此，再加上科学的新发展，物质上的种种引诱，试问这世界真如何得了呢？

我们若看了近代西方所研究的那一套"心理学"，再回头来看我们中国传统一向所看重的那一套所谓"心性之学"，从这两方面的不同，便可看出中西双方文化体系不同之主要中心之所在了。

三

中国古代孔、孟、庄、老，他们著书立说，无不对人类心性有一番深湛的透悟与了解。到后来，隋唐时代中国佛学三宗即天台、华严、禅所讲，以及宋明儒所讲，把他们所讲之涉及人心方面的（其实这些都是他们所讲的最主要部分），把来和西方近代心理学相比，这里实可发现甚大的不同来。

若说人类意识有显、潜之分，当知此两种意识，实在是可分而不可分的。人心总该有一个完整的全体，不能老留着这些不自主、不自知的部分在那里。现在我们在这里所做所说，只有一部分自己知道，而还有一部分连自己也不知道。我们此刻虽未发高烧或精神分裂入疯人院，但我们有些时也就等于在白日做梦。白日做梦固不好，但自己内心常有两对垒内在冲突，即如中国古人所谓的"天人交战"，这也是心理上的一极大苦痛，这也不能算是一个健全完美的人格。我们每一个平常人的日常生活，正如家庭中一对夫妇，你有你的心，我有我的心，彼此有很多意见隔阂，纵使没有吵出来闹着要离婚,但是一个家庭这一对夫妇,总是不美满,不理想。所以我们今天虽没有进医院,就精神分析学讲来,问题还是一样,只是轻重不同而已。

但我们得进一步问一下,夫妇之间能不能相亲相爱,两人如一体,快快活活过日子的呢?我们能不能把潜意识同显意识融成一片,成一个美满和洽的完整人格呢?当知中国人传统所讲的"心性之学",正是讲的这一套,正是要把人人心上的潜意识融化了,不使人在心底下有沉淀,有渣滓,有障碍,有隔阂,有郁抑。佛教也很多是在讲这一套,这正是中国人的一套所谓"心性修养"的功夫。

即如所谓"静坐",所谓"居敬功夫",所谓"无念",所谓"存天理去人欲",照现在人看来,似乎那些都是过时了,陈旧了,更没有意思。但若我们真懂得近代西方心理学上的新发现,所谓精神分析与潜在意识那一套,你再回头来看中国儒、释两家所讲那一切功夫,才知中国人的心性修养,其实是有现代西方心理学根据的。不过是较近代西方心理学所入更深,更细,更有价值。只因近代西方心理学上有此一番发现,而使中国传统那一套心性修养,更易使人明白其真蕴实义所在了。至少静坐有功夫,能使你从前潜藏在心底下的,自己跑出来重现在你静中的意识上,你内心深处一切肮脏、龌龊、卑鄙、阴险都呈现了,让你可看到你平日内心之真面目。你能看到就好了。日常潜在的东西都翻起来,翻起来就"化"了。

近代西方的精神分析,用在病院里,是在医治发高烧或疯狂的人。中国人的心性修养，是用在人的日常生活中，好教一平常人，人格精神逐步上升进入"圣贤"的境界中去。就中国人所想象圣贤的心理状态言，其实也没有什么其他了不得，只是他内心丝毫不潜藏有什么脏东西，干干净净，洁洁白白，光明正大，培养到一个内外合一、美满完整的人格。所谓"所过者化，所存者神""纯乎天理，更无丝毫人欲之私"，其实只指的这一种心理状态。所谓"天理"，只要能浮现出来与人共见的便是天理。所谓"人欲"，只是潜藏心底，掩头藏尾，偷偷摸摸，见不得人面的，便是人欲。若人能把心内一切人欲全都化了，那一人的心境是光明的，是快乐的。你心既然能自觉，也就能自主，心只是一个。晚明大儒黄梨洲先生说："心无本体，功夫所至，即是本体。"

近代西方心理学，却是不加功夫，只来求心体，那显然是不到家的。西方人有时常爱把心全放在一个地方去，如打球，便一心都放在打球上。如游泳，如跳舞，便一心都放在游泳、跳舞上。这亦会使你当时感到快活，而潜藏在心底的东西还是依然在那里。他们只有进教堂虔诚信耶稣，会在内心深处得更高满足。但是他们不信是自己内在的心的功夫，只认是外在的神的力量，因此和中国道理终会要分道扬镳了。

我们前面讲过，西方现代心理学中的"制约反应"和"精神分析"两项发现，是指出人心的不自觉、不自主方面的。中国人讲的"心性修养"，正是要教人能自觉、自主。

在禅宗，常提"主人公""常惺惺"这些话。"主人公"就是讲我们心上要有一个主。"常惺惺"就是要我们不要再有潜意识的不自觉部分来作怪。宋儒讲个"敬"字，我们今天对这个字，或许会一看就讨厌，其实敬也只是要主人公常惺惺，使此心常能自知、自主。这都是和现代西方心理学之新发现有不谋而合之处的。只是现代西方心理学忽略了"自己做功夫"的一套。他们所讲宗教心理，也都是向外面看，拿客观现象来研究，不肯自己把心投入做实验。中国人的心性之学，则主要在把自己的心投进里面去，他的日常人生，即是他的心理实验。家、国、社会、天下，则是他的心理实验室。中国心理学之主要目的，则在把自己的人格要提升超越到更高一个境界去。中国人的宗教信仰，便是"天人合一"。能到天人合一的境界，便是"圣贤"了。

四

我现在想提出一个名字来，说我们中国也有心理学，那套心理学可称为"圣贤心理学"。既然可以有动物心理、婴孩心理、青年心理、群众心理、疯狂心理、宗教心理等等，为何独不能有圣贤心理学之存在呢？中国人的理想人格之最高表现便是"圣贤"。我们的心性修养，是把自己的心投进里面去，使自己也可以接近圣贤而真成为圣贤。圣贤不是现成的，原有理想与功夫，这套功夫到家了，与理想融成一体，就是功夫和本体打成一片，行为和知识打成一片，自然与人生打成一片。讲到这一步，不必再讲"道德"，而最高道德已活现在我们心里了。

中国人又从"心"讲到"性"。人心之所同然者为"性"。中国人说"人同此心，心同此理"，这同处就是"性"。我的心，你的心，上下古今人的心，可以各不同。但在此各不同之中，研究出一个共通之点，即心之所同然的，就是人之性。这个性就是"善"。只有在这一个"善"上，此心和他心可以通。不仅今天彼我之间可以通，上下古今人心都可通。人若把自己的心修养到这个境界，那人就俨如是"神"了。人的精神可到神的境界，岂不神奇，其实也只是一个"通"。所谓"神通广大"，神则能"通"。我们又说"神而明之"，神就能"明"。能明白得人心，便能明白得道理，并能明白得上下古今到处通。到了这个境界，岂不"道德"就在里面了吗？

中国人讲道德，主要是从心性来，并不是圣贤在你外面，主张了一番理论，你的理论不能驳倒他，你便得照他做。这所谓"可以服人之口，不能服人之心"。西方哲学的缺点，正在只讲一个理论，要服你的口，所以要讲到玄之又玄。中国人不是要拿一套理论来叫你跟他走，是要我们各人从自己本性本心中开悟出此理来，所以说"由诚明，由明诚"，明诚合一，便是天人合一了。中国人所讲的道德，既非一种理论，更非一种法律，只在你心之自知自主。这个学问要从各人本心做起，做到人人全如此做，人人全到同一境界，这就是所谓修身、齐家、治国而天下平。这种学问，要从现前各个人当下做起。若使一个人做到这套学问，那人就是圣贤，那人就是完成了，却并不就是牺牲了。中国人讲道德，教人做圣贤，却不是硬叫人做牺牲。只有完成了自己，才能完成别人。试问今天这世界上下古今许多人，谁确是到了天国？谁确是见到了上帝？谁确是灵魂得救了？那须得你有此一番信仰。但中国人教人做圣贤，却不专在信仰外面，更要在信仰你自己。只从一个人开始，走上了一条路，这条路人人认为通的，人人可以照他这条路走。圣贤先得我心之所同然，圣贤也只是一个自了汉，只是他了得自己，就可了得天下万世，一切都那样了。

近代西方易卜生的小说，说一条船海上翻了，你该先救你自己。但救得自己，不一定救得别人。中国人讲道理，便要讲"成己""成人"。孔子在春秋时代，并没有把春秋乱世挽回过来，孔子像并没有救了当时的世界，然而孔子个人自己得救了。因于孔子得救，却可以救后世各时代的人。孔子之得救在哪里呢？所谓"饭疏食，饮水，曲肱而枕之，乐亦在其中矣"。又说"一箪食，一瓢饮，在陋巷，人不堪其忧，回也不改其乐"。这就是孔子已经得救，颜回也已得救。由他两人之得救，同样道理，可以救别人。但此别人也仍该由自己来得救。只这个孔、颜自救之道，就可解救一切天下人，而仍要一切天下人各自照此道理去求解救。这并不是牺牲了我才能解救得天下，也不是要等天下人尽得解救了，我自己才得解救。中国人讲道理，绝不是个人主义做自了汉，但也不是叫人去做牺牲。并非定要拿个人毁灭了，去解救其他人。这是一条人生要走而该走的路，在此路上，各个人都可以有自由。所谓"众人皆醉我独醒",天下乱我心不乱,这不是你的自由吗?但这绝不是只求自了,绝不是自私自利,这是尽人都该一样的。

所以中国人虽说讲"义"不讲"利",其实"利"也就包含在"义"里面了。所以说"知之者不如好之者,好之者不如乐之者"。你知道这个道理,不如喜欢这个道理。喜欢这个道理,不如能走上这个道理而自感到快乐。我知道人生大道该如此,这是理智的,这还算不得什么。我们该要在心性情感上真喜欢这道理,而且还要能把我们自己的人生投进这道理里面去,真实享受到这个道理的快乐与满足,我们的人生问题就在此解决了。所以不论天下怎样乱,社会怎样黑暗,中国人的道德还是一条人生大道。而且是一份享受,一份快乐,一份满足。中国圣贤所讲,正是这个道理,我们该懂得。

五

也许有人说,我此所讲其实仍只是讲个人,不是讲社会。可是我们纵使讲天下,也得从个人讲起。没有个人,哪会有社会?我们一个家,父母、兄弟、姊妹、夫妇、儿女,论其关系,仍是以每一个人做中心。中国人讲道德,不以个人抹杀了社会,但亦不以社会抹杀了个人。尤其讲道德,更该从个人起。道德就表现在每个人的身上和心上。中国人心性之学之最高境界,仍是以"个人"为中心,而以"天下"为终极。这样的道德,可把一"善"字来包括。世界一切最有价值的就是这"善"字。非此善，一切都没有价值。"善"的反面就是"恶"。任何一个真理，任何一项发明，只要违逆人性便是恶，那就一无价值，只有反价值。

中国人主要讲此一"善"字。西方人要分开"真""善""美"三项来讲。但如真而不善，这个"真"要不得。倘使美而不善，这个"美"也要不得。对人生无价值，反而有害处。就人生论人生，就是这"善"字。所以说"与人为善"，"为善最乐"，"众善奉行"。这是中国社会最普遍的一个教训，而是颠扑不破的。我们来回想各人自己经验，的确最快乐的事，莫过于为善。因此善仍是一种心性之学。为何觉得为善最乐呢？因人性是善的，我们的天性就是如此。我们的天性之善，为什么会不自觉、不自主的呢？孟子讲这是外在关系扰乱，丧失他的心之本然了。但是晚上回来睡一觉，一派清明之气就来了，心之善端又会再萌，从此仍可下工夫。中国人所讲一切道理，从此讲起。因此孔孟所讲的修、齐、治、平之学，主要还是建立在各个人的心性之上。

佛教跑进中国来，佛教讲的心理学，似乎比孔孟更有高明处。但佛教是教人出世的，因此宋儒只截取了佛学讲心的一部分，仍回头来讲孔孟。今天我们同西方人接触，拿他们研究心理学的结果，可以回头来说明中国心理学的另一个境界。中国"心性之学"，由我看，比任何民族都讲得高明。中国人讲这套学问，也有实验室。第一是我们的身体，第二是我们的家庭，第三是我们的国与天下，即我们的社会。倘使我们心不安、不快活，精神不振作，也说不出什么地方出了毛病，我们只规规矩矩，正襟危坐，停一会就觉好。晚上睡觉怎样便睡得着，如何能不做不好的梦，中国人讲这些的太多了。所以说，我们的身体，就是我们心理学的一个试验室。这是初步实验，也就是修身功夫。第二步是齐家。身体难对付，家更难对付了。父母妻子，一家人都能对付得好，朋友间哪有什么不能对付的。修身、齐家，只在磨练你一心。中国人的忠、恕、孝、弟、道德、仁义，其实完全是一套心性之学，出于人生经验，所谓"圣人先得我心之同然"。并非周公、孔子故意讲一套不近人情的，来欺骗我们，拘束我们，压迫我们。强人如他意走，那如何得？因此我认为中国人讲人生是科学的，但是人文科学更重于自然科学。科学正贵逐步试验，一步对了，才能再进一步，不对就要收手，不像哲学尽管层层讲下去。

即如马克思，他化着几十年功夫研究经济学，研究价值论，他说价值不仅从机器来，亦从劳力来。劳力的剩余价值，被资本家剥夺了。这些理论是易于明白的。但从经济学讲成政治学，从政治学讲成历史哲学，再从历史哲学讲成命定论，讲成唯物论，讲到整个宇宙和形上学去了。尽向前跑，讲得太远了。科学是不许人如此无限向前的，跑前一步就得经实验经证明，证明了再往前，仍是一步，又得实验证明才得。那是何等谨慎，何等笃实。此即中国所谓"言顾行，行顾言"，思想兼顾着行为。如此一步步向前进，因此中国人常以"知""行"并举，又以"学""思"并重。学着得思，思着得学。学即是做实验，即是在实行。一步对了再思向前，如此不会出大毛病。脚踏实地，行远自迩，这就是科学精神。你不能从一点上关着门一路讲下去，讲成一大篇，说真理在这里了，你试拿这个真理放到实际人生上，结果会出大毛病。所以中国人尽讲道德，也没有讲出一套道德哲学来。

六

有些人看了西方人的书，认为中国人没有思想。又说中国人思想无系统。如读《论语》，"子曰：学而时习之，不亦说乎。有朋自远方来，不亦乐乎。人不知而不愠，不亦君子乎。"就是这样无头无尾，说什么组织，说什么思想。但你不妨照他话试，你也学而时习之，看你心悦不悦？若真有友自远方来，看你心乐不乐？人不知你，看自己内心自觉又怎样。《论语》这一条，人的一生全在内了。

一个年轻人，开头只能学第一句，"学而时习之"。第二句"有朋自远方来"，还没有资格学。年轻人初学，哪里有朋友慕名从远方来呢？等你学问做到第一步，才始有第二步。孔子在那里讲学，颜渊、子路、子贡、游夏之徒都来了，来自四方，孔子当然觉得不亦乐乎了。到了孔子年龄愈高，学问更进，所讲的道理，连许多学生都不懂，颜渊也要说"虽欲从之，末由也已"孔子也自叹说"知我者其天乎"那时才有"人不知"的境界。孔子又说："不患莫己知，求为可知。"那是为他弟子们说的。"人不知而不愠"，那是最高境界了。孔子一生也只是这三句话,那是孔子个人的全部人生。哪里是什么所谓哲学思想呀!

各位如读苏格拉底的书,他在讲什么,是正义,是直道?讲了半天,一个学生出去,另外一个学生进来,苏格拉底可以继续讲,只告诉那进来的,说我们现在讲到什么地方了,这个人就一样可以代替前一个人,讨论辩驳讲下去。我们说,西方人思想是"客观的"。可是我得说,中国人思想是"亲切的"。有一天,有一位美国人同我谈话,讨论到所谓"人文主义"。他就问,你且说什么叫做"人"?我说:你这个问题我就不能回答了。他说:你讲的人的意义,我还不清楚,如何能听你往下讲人文主义呢?我说:这是你们西方人的头脑如此,在我们中国人想来,你就是人,我就是人,这就完了,不烦再解释。如我们讲治国、平天下,西方人却要先讲明白,什么叫做"国"、什么叫"天下",这样一来,毛病就出了。"国"先要有一个定义,于是说土地、人民、主权三者相合,才始是国;但"主权"又是什么呢?要为"主权"二字下定义,却更难了。要讲"人"是什么,那更难。有人说人是社会的动物,有人说人是政治的动物,又有人说人是理性的动物,如是引申,各人可讲出一篇大道理。

中国人似乎只想说人就是人,你对面这个就是人;你再不懂,那么你自己就是一个人。这样一来,便会无话可讲了。但中国人毕竟也讲了许多话,你总不能说,孔、孟、庄、老所说,都是些废话。那么我们就该问,中国人说话,究竟是从何说起呀！中国人讲话，只是从人的行为讲起。中国人讲行为，只是从心性之学讲起，放开来是修身、齐家、治国、平天下。你试一步步从你本身、家庭去做实验吧！我认为这是中国文化体系中心最主要所在。我讲得究竟对不对，也请诸位再加批评吧！

第四篇　结言

　　我这个课程，大体上就讲到这里为止。有几位先生要我介绍几本我自己的著作，说来惭愧，我著作没有很多，怕也没有多大的价值。我自己常有一个感觉，一意著书就会变成一书生了，书生写书，不一定大家喜欢看。从前宋朝、明朝人重要的只有"语录"，不写书，只是他随便讲话，旁人记下来，这才是真情实意。我在台北曾有过几次讲演，都照口语记下来，或许诸位看了觉得更有意思些。

　　有一本《中国思想通俗讲话》，是就中国思想几个重要问题有些说不明白的字眼，我试用一般社会上都能了解的通俗语言来讲。如"性命"二字，我们现在已是变成一个通俗名词了，如说"你性命都不要吗？"其实中国极高深的学问就在这两个字里面，我试拿一般社会对于性命二字的看法来讲。有几位专门研究哲学的人看到这本书，承他们说这书很有趣味，诸位先生也可以看一看。另一本也是在台北讲的，讲了七次，题目叫《中国历史精神》。这本书是由录音记下来的，我再稍稍修改一下，里面没有引经据典。我本想讲中国历史、中国文化。我试分政治、社会、军事、教育几方面去讲。又有一次讲演，题目是《文化学大义》，是笔记略加修改的。这三本书，和我这次所讲都有关系。譬如我讲文化的三个阶层，在《文化学大义》里就讲得特别多。心性之学，在《中国思想通俗讲话》里讲得多一点。历史方面，在《中国历史精神》里讲得多一点。

又有一本也是在台北讲的，题目叫《中国历代政治得失》。也讲了七天。当然诸位都很注意政治问题，这本书里讲的虽然是过去的政治，也可做一个参考。这也完全是由速记记录下来的。

至于我自己写的书，有一本《中国思想史》，这是在香港自己关着门写的，全书只十二万字，幸而字数不多，但比讲话的神情是不同了。还有一本《国史大纲》，一本《中国文化史导论》，那都是对日抗战时写的。我想我自己的书，主要这几本，比较和此次所讲更有关系些。诸位倘有兴趣，可以看。

我这次的十堂课，总算讲完了。我上堂前没有准备，不过随心随口讲，大意是我久存于心的。可是讲话究竟不同做文章，做文章可以一字一句斟酌，讲话是兴会所至就讲，分寸上不一定能恰到好处。诸位有问题，最好还是用讨论方式功用大一点。这几天我一人在台上讲，像唱独脚戏，不能多听诸位意见，对我有纠正有指教，这是我很遗憾的。

图书在版编目（CIP）数据

民族与文化 / 钱穆著 .-- 长沙 : 岳麓书社，2024.
10.-- ISBN 978-7-5538-2139-9

Ⅰ . G122

中国国家版本馆 CIP 数据核字第 2024K8P097 号

MINZU YU WENHUA
民族与文化

著　　者：	钱　穆
责任编辑：	丁　利
监　　制：	秦　青
策划编辑：	康晓硕
版权支持：	辛　艳　张雪珂
营销编辑：	柯慧萍
封面设计：	利　锐
版式设计：	李　洁
内文排版：	谢　彬

岳麓书社出版
地址：湖南省长沙市爱民路 47 号
直销电话：0731-88804152　88885616
邮编：410006
2024 年 10 月第 1 版　2024 年 10 月第 1 次印刷
开本：875 mm×1230 mm　1/32
印张：5.75
字数：124 千字
书号：ISBN 978-7-5538-2139-9
定价：39.80 元
承印：三河市百盛印装有限公司

若有质量问题，请致电质量监督电话：010-59096394
团购电话：010-59320018